F

D1669331

Soziotherapie
chronisch Abhängiger
–ein Gesamtkonzept–

Hans-Peter Steingass

Imke Dreckmann

Petra Evertz

Andrea Huf

Dietrich Knorr

Annegret Kreuels

Heinz Toni Linder

Heinz Tichelbäcker

Rainer Verstege

NEULAND
Geesthacht·2000

© 2000 Neuland-Verlagsgesellschaft mbH, Geesthacht
Bearbeitung: Beate Neß, Dassendorf
Satz: digitron GmbH, Bielefeld
Umschlaggestaltung: KonturDesign GmbH, Bielefeld
Druck: Druckerei Runge GmbH, Cloppenburg

Printed in Germany
ISBN 3-87581-205-0
2. Auflage 2002

Überblick: Die soziotherapeutischen Einrichtungen der AHG

Zielgruppe

Aufgenommen werden chronisch alkohol- und medikamentenabhängige Frauen und Männer, die aufgrund erheblicher körperlicher, psychischer und sozialer Beeinträchtigungen vorübergehend oder dauerhaft nicht in der Lage sind, selbständig, eigenverantwortlich und abstinent ihr Leben zu bewältigen und zu organisieren.

Indikationsspektrum

- Langjährige chronische Alkohol- und Medikamentenabhängigkeit
- Alkoholbedingte Organschädigungen (Leber, Gastrointestinaltrakt, Pankreas, Herz-Kreislauferkrankungen etc.)
- Alkoholbedingte körperliche und psychiatrisch-neurologische Folgeerkrankungen
- Alkoholbedingtes amnestisches Syndrom
- Psychiatrische Komorbidität

Die einzelnen Einrichtungen haben unterschiedliche Indikations- und Behandlungsschwerpunkte

Behandlungsdauer

Die Verweildauer ist nicht begrenzt, sondern abhängig von den individuellen Gegebenheiten und der Entwicklung des Bewohners.

Behandlungsziele

Körperliche und psychische Gesundung, zufriedene Abstinenz, Erlangung von Lebensfreude und Lebensmut, Verbesserung kognitiver Fähigkeiten, soziale Integration und möglichst autonome, selbstverantwortliche und selbständige Lebensführung.

Behandlungsangebot

Milieu- und Soziotherapie mit handlungsorientierten, auf den Erwerb lebenspraktischer und sozialer Kompetenzen gerichteten Interventionen. Methoden- und therapieschulenübergreifende Verfahren mit verhaltenstherapeutischen, systemischen, erlebnisaktivierenden und lösungsorientierten Interventionen.

Standorte und Einzugsgebiete

TZ Bassenheim, Bassenheim	Rheinland-Pfalz
Haus Dondert, Kevelaer	Niederrhein/westl. Münsterland
Haus Eller, Düsseldorf	Düsseldorf und Umfeld
TZ Germersheim,	Rheinland-Pfalz, Baden-Württemberg, Saarland
Haus Grefrath, Grefrath	Niederrhein/Ruhrgebiet
TPR Köln, Köln	Köln und Umgebung
Haus Remscheid, Remscheid	Bergisches Land und Umgebung
Haus Welchenberg, Grevenbroich	Kreis Neuss und kreisangrenzende Städte

Trägerschaft

Der Träger der soziotherapeutischen Heime und Therapiezentren ist die AHG Allgemeine Hospitalgesellschaft Aktiengesellschaft mit Sitz in Hilden.

Seit mehr als 25 Jahren betreibt die AHG Rehabilitationskliniken und soziotherapeutische Einrichtungen. Die Indikationsschwerpunkte liegen neben der Soziotherapie Abhängiger in der Rehabilitation Alkohol- und Medikamentenabhängiger, der Drogentherapie, Psychosomatik, Orthopädie/Rheumatologie, Pneumologie, Neurologie, Kardiologie, Onkologie, Kinderrehabilitation, Hauterkrankungen und Atemwegserkrankungen. Die AHG bietet mehr als 1.800 Mitarbeitern qualifizierte Arbeitsplätze, mehr als 250 davon im Bereich der Soziotherapie.

Beleger

Zuweisende Institutionen sind vor allem Psychiatrische Krankenhäuser, Landeskrankenhäuser, Allgemein- und Akutkrankenhäuser, Fachkliniken, Altenheime, Einrichtungen nach §72 BSHG, Beratungsstellen, Gesundheitsämter und gesetzliche Betreuer.

Kostenträger

Hauptkostenträger sind die überörtlichen Sozialhilfeträger, in Nordrhein-Westfalen der Landschaftsverband Rheinland (LVR), in Rheinland-Pfalz das Landesamt für Soziales, Jugend und Versorgung (LJS), darüber hinaus einzelne andere örtliche und überörtliche Sozialhilfeträger.

Inhalt

Vorwort

Die Leistungserbringer im Gesundheitswesen befinden sich heute in einem zunehmenden Dilemma.

Auf der einen Seite wächst in der Gesellschaft die Zahl der Menschen, die aufgrund ihrer Erkrankung oder Behinderung auf professionelle Hilfe angewiesen sind; des weiteren ist seit Jahren festzustellen, dass die Erkrankungen einen deutlich höheren Chronifizierungsgrad aufweisen, dass die Krankheitsbilder multimorbider sind und die daraus resultierenden Behinderungen zunehmend zu Mehrfachschädigungen führen.

Auf der anderen Seite sinken die finanziellen Ressourcen, die gesellschaftlich zur Behandlung der Folgen zur Verfügung gestellt werden.

Besonders einzelne Bereiche des Gesundheitswesens und der sozialen Behindertenarbeit sind überproportional von den Sparmaßnahmen betroffen. Dies hat mit Sicherheit die Konsequenz, dass mit zeitlicher Verzögerung mit höheren gesamtgesellschaftlichen Folgekosten wiederum in anderen Bereichen sozialen Handelns gerechnet werden muss.

Für die Leistungserbringer – und auch die zur Sicherstellung der Leistung verpflichteten Kostenträger – ergibt sich dadurch in zunehmendem Maße die Notwendigkeit, die Art der jeweils angebotenen Hilfe, ihre jeweilige Sinnhaftigkeit, ihre gesicherte Qualität und letztendlich den Erfolg der Maßnahme zu belegen und transparent zu machen.

Die Gebote der Qualität und der Wirtschaftlichkeit von Leistung treten deutlich in den Vordergrund. Hilfe muss zielgerichtet und effektiv geleistet werden gemäß den sich verändernden Anforderungen der Hilfe bedürfenden Menschen, die weiterhin auf die Solidarität der Gesellschaft angewiesen sind.

Die hohe Qualität der erbrachten Leistung ist schon seit Jahrzehnten das anerkannte Kennzeichen und der Ruf der Allgemeinen Hospitalgesellschaft AG (AHG). Die leitenden therapeutischen Mitarbeiter und die Geschäftsführung des Unternehmens sichern und verbessern die Qualität der Leistungsangebote nicht nur in den einzelnen Einrichtungen, im Wissenschaftsrat der AHG arbeiten die Fachleute des Unternehmens gemeinsam an der ständigen Verbesserung der Leistungsangebote: *Heute schon an den Konzepten von morgen zu arbeiten,* ist einer der wichtigsten Leitsätze der Unternehmensphilosophie der AHG.

In den Unternehmenszielen nimmt die Sicherstellung der Qualitätsführerschaft in den vom Unternehmen besetzten Indikationen einen zentralen Raum ein. Dies bedeutet eine hohe Effizienz der Leistungsangebote, systematische und regelmäßige Weiterentwicklung der Behandlungs- und Therapiekonzepte ebenso wie eine kontinuierliche Verbesserung der Leistungs- und Serviceangebote.

Den Leiterinnen und Leitern der neun soziotherapeutischen Einrichtungen der Allgemeinen Hospitalgesellschaft gebührt unser Respekt dafür, dass sie die Ziele des Unternehmens in so beispielhafter Weise umsetzen.

Das hier vorliegende Gesamtkonzept der Soziotherapie Abhängiger ist der gelungene Versuch, die jahrzehntelange Erfahrung in der Behandlung chronisch mehrfach geschädigter Abhängiger für einen qualitativen Fortschritt in der Behandlung dieser Personengruppe nutzbar zu machen.

Ausgehend von den bestehenden und in ihrer hohen Wirksamkeit überprüften und weiterentwickelten Einzelkonzepten wird hier erstmalig der Versuch unternommen, die Erfahrungen vieler Einrichtungsleiter und ihrer Mitarbeiter in der Behandlung chronisch mehrfach geschädigter Abhängiger zu integrieren und ein Gesamtkonzept im Rahmen der Eingliederunghilfe vorzustellen.

Auf der Basis einer gemeinsamen und langjährig gelebten Unternehmenskultur der beteiligten Einrichtungen sowie eines gemeinsamen Qualitätsverständnisses und Qualitätsanspruches erfüllt das Gesamtkonzept alle Anforderungen, die an ein wissenschaftlich fundiertes Behandlungsprogramm zu stellen sind:

- ein eindeutiges und einheitliches theoretisches und konzeptionelles Modell
- daraus abgeleitete Behandlungsmethoden und Behandlungselemente, die
  - operationalisiert sein müssen und die
  - standardisierte Leistung beschreiben
- identische und abgestimmte Behandlungsziele in den einzelnen Bereichen der Einrichtungen
- eine empirische Absicherung der Wirksamkeit
- der Nachweis über den Zusammenhang zwischen dem Therapieprozess und dem Therapieergebnis und
- die Sicherstellung eines fördernden therapeutischen Milieus.

Das Gesamtkonzept versteht sich als ambitionierter Beitrag aus der Praxis im Rahmen der derzeit stattfindenden Standardbestimmung für die Behandlung und Betreuung der beschriebenen Personengruppen.

Im Rahmen der Neugestaltung des Bundessozialhilferechtes auf der Basis des § 93 BSHG findet zur Zeit eine intensive Debatte über Standards von Behandlung, Transparenz von Leistungserbringung, Sicherung der Qualität von Leistung und selbstverständlich auch über die Wirtschaftlichkeit der Leistungserbringung statt.

Hier bringen sich die erfahrenen Praktiker der Soziotherapie der AHG engagiert ein und stellen ihr Qualitätsverständnis und ihre selbstgestellten Leistungsanforderungen zum Wohle der bei ihnen behandelten Patienten in den Mittelpunkt der Diskussion.

Ich wünsche dem ambitionierten Gesamtkonzept die verdiente Aufmerksamkeit in der derzeitig stattfindenden Debatte um die Sicherstellung einer hohen Behandlungsqualität in der Soziotherapie Abhängiger.

PD Dr. phil. Manfred Zielke   Hilden, im Mai 2000

Vorbemerkungen der Herausgeber

Wir möchten Sie neugierig machen und Ihr Interesse wecken für
- unsere Bewohner[1], ihre Möglichkeiten und Beeinträchtigungen, ihre Chancen für Entwicklung und Veränderung,
- unsere Mitarbeiter,
- unser Menschenbild und Therapieverständnis,
- unsere Ideen, Vorstellungen und Ziele und
- unsere konkrete Arbeit.

Und wir wollen Ihnen einen Einblick in die Grundlagen, Erfahrungen und Abläufe unserer Arbeit geben. Das Rahmenkonzept der soziotherapeutischen Einrichtungen der AHG Allgemeinen Hospitalgesellschaft AG gibt Ihnen einen umfassenden Einblick in unsere Arbeit mit alkohol- und medikamentenabhängigen Menschen.

Schließlich möchten wir Sie einladen, unsere Arbeit auch vor Ort in unseren Einrichtungen kritisch zu beobachten und zu bewerten, mit uns in einen Dialog zu treten und uns Ihre Meinung, Ihre Anregungen und Verbesserungsvorschläge mitzuteilen. Wir alle, hauptsächlich unsere Bewohner, können davon nur profitieren.

Klar ist: Konzepte müssen weiterentwickelt, präzisiert und verbessert werden. Sie brauchen Anregungen und Impulse von außen und von innen. In unserer bisherigen Arbeit hat sich vieles gut bewährt und ist deshalb geblieben, wie es von Anfang an geplant war. Neben Bewährtem gibt es aber auch zahlreiche Verbesserungen und Weiterentwicklungen. Veränderte gesellschaftliche und politische Rahmenbedingungen, neue therapeutische Erkenntnisse und Entwicklungen müssen berücksichtigt werden und wissenschaftlicher Überprüfung standhalten. Nur durch kritische Auseinandersetzung mit dem eigenen Handeln, durch Kontinuität *und* Mut zur Innovation ist ein qualitativ hochwertiges und differenziertes Behandlungsangebot zu erbringen.

Verstehen Sie das vorliegende Betreuungskonzept als die aktuelle gemeinsame Grundlage unseres therapeutischen Handelns. Diesen gemeinsamen Grundlagen, vor allem dem Menschenbild, dem Sucht- und Therapieverständnis, dem Anspruch auf wissenschaftlich fundierte, wirksame und wirtschaftliche Arbeit fühlen sich die Autoren verpflichtet. Neben den Gemeinsamkeiten gibt es natürlich auch Spezifisches und Charakteristisches in der Arbeit vor Ort. Unterschiedlichkeiten, Spezialisierungen und Differenzierungen der einzelnen soziotherapeutischen Einrichtungen der AHG Allgemeinen Hospitalgesellschaft sind notwendig und gewollt.

Die Autoren möchten sich an dieser Stelle bei ihren Mitarbeiterinnen und Mitarbeitern für ihr Engagement, für ihre kritische Solidarität und Loyalität, für ihre Ideen und hervorragende Arbeit in den vergangenen Jahren sowie für ihre Anregungen und Beiträge zu dieser Veröffentlichung bedanken.

Besonderer Dank gilt unseren Bewohnern, von denen wir vieles gelernt haben.

---

1 Im gesamten Text werden zur semantischen Vereinfachung die traditionellen sprachlichen Gepflogenheiten beibehalten und meist die männliche Form (Bewohner, Klient, Betreuer, Mitarbeiter, Therapeut etc.) benutzt.

1 Einleitung

Bereits im Jahre 1975 stellte die Expertenkommission der Bundesregierung in ihrem „Bericht über die Lage der Psychiatrie in der Bundesrepublik Deutschland" gravierende Mängel in der Versorgung Suchtkranker fest:

> „Der großen, offensichtlich weiter anwachsenden Zahl von Suchtkranken ... stehen im Ganzen keine adäquaten Möglichkeiten der Prävention, Behandlung und Rehabilitation gegenüber. Viele Alkoholkranke bleiben ... mehr oder weniger ihrem Schicksal überlassen. Diese gravierende Situation hat bei den zuständigen Trägern und Planungsinstanzen bislang zu keiner angemessenen Reaktion geführt" (Psychiatrie-Enquête, 1975).

Obwohl die Diagnose „abhängigkeitskrank" die häufigste in den psychiatrischen Kliniken mit Pflichtversorgungsauftrag war und Abhängigkeitskranke 40 bis 50 Prozent der Neuaufnahmen ausmachten (Pörksen, 1990), spielte die Behandlung Abhängiger eine eher untergeordnete Rolle. Die Situation chronifizierter Abhängiger war besonders desolat. Die psychiatrische „Versorgung" war darauf ausgerichtet, die Menschen, die den gesellschaftlichen Mindestnormen in Bezug auf Leistungsfähigkeit, Gesundheitsverhalten usw. wegen ihrer Krankheit nicht mehr entsprechen konnten, notdürftig zu verwahren, wegzusperren und zu isolieren. Das Problem wurde durch seine Entfernung aus dem öffentlichen Blickfeld „gelöst", es bot den betroffenen Menschen aber keinerlei Wiedereingliederungschancen. Die Behandlung bestand im Wesentlichen aus Verwahrung und Versorgung. Es gab keine Therapiekonzepte, die Patienten galten als hoffnungs- und erfolglos, unmotiviert, unbehandelbar und „therapieresistent". Therapeutischer Pessimismus bestimmte das Handeln bzw. das Nichthandeln.

In dieser Zeit ist die AHG Allgemeine Hospitalgesellschaft AG trotz vieler Widerstände mit einer ersten Suchtklinik und einem für Deutschland völlig neuartigen Kurzzeit-Therapiekonzept in Bad Tönisstein in die Behandlerlandschaft eingetreten. Seit Mitte der siebziger Jahre entwickelte sie innovative und wegweisende, verhaltenstherapeutisch orientierte Konzepte zur Behandlung und Wiedereingliederung chronifizierter Abhängiger.

Mit dem Landschaftsverband Rheinland konnte schnell ein fortschrittlicher und dynamischer Partner der öffentlichen Hand gefunden werden, der die Psychiatrie-Enquête ernst nahm und bereit war, Initiativen zur Verbesserung der Versorgung chronifizierter und mehrfach geschädigter Abhängiger zu unterstützen.

Die beiden ersten soziotherapeutischen Einrichtungen in der Trägerschaft der AHG waren 1978 die Therapiezentren für Psychosoziale Rehabilitation (TPR) in Köln und 1979 in Duisburg[2]. Ziel und Aufgabe der Therapiezentren waren neben

---

2 Das TPR Duisburg hat sich mittlerweile zu einer reinen Adaptionseinrichtung entwickelt, die im Rahmen medizinischer Rehabilitation Patienten nach einer stationären Entwöhnungsmaßnahme weiterbehandelt. Von daher treffen die in dem vorliegenden Rahmenkonzept beschriebenen soziotherapeutischen Inhalte für das TPR Duisburg nur bedingt zu. Näheres ist dem „Konzept der Adaptionsphase" zu entnehmen.

der Befähigung zu einem möglichst selbständigen Leben die berufliche und soziale Wiedereingliederung der Bewohner nach zeitlich begrenzter stationärer Betreuung.

Wurden hier in erster Linie Menschen behandelt, deren berufliche und soziale Wiedereingliederung im Rahmen einer 18-monatigen Behandlung erreichbar erschien, zeigte sich bald eine Unterversorgung der Gruppe der noch wesentlich stärker geschädigten Alkohol- und Medikamentenabhängigen. Diese Personengruppe weist aufgrund ihres langjährigen und exzessiven Suchtmittelmissbrauchs so eklatante körperliche, seelische und soziale Beeinträchtigungen auf, dass eine selbständige und eigenverantwortliche Lebensführung vorübergehend oder auch dauerhaft unmöglich erscheint. Ein großer Teil dieser Abhängigen ist sozial desintegriert und entwurzelt, ohne familiäre oder soziale Bindung, fast immer schon lange ohne Arbeit und häufig auch obdachlos.

Erste Ziele in der Betreuung dieser Menschen sind die Sicherstellung ihres möglichst gesunden Überlebens durch geeignete körperliche und gesundheitliche Betreuung, die Versorgung der primären Bedürfnisse und Bereitstellung eines sicheren, stabilisierenden und suchtmittelfreien Umfeldes. Erst dann kann der Versuch unternommen werden, die Betroffenen zu einer Veränderung ihrer derzeitigen Lebenssituation zu motivieren und mit ihnen gemeinsam Perspektiven für ein Leben innerhalb oder außerhalb der Einrichtung zu entwickeln und zu realisieren.

Als institutioneller Rahmen zur Betreuung dieses Personenkreises entstanden die soziotherapeutischen Heime. Die engagierten Mitarbeiter der ersten Stunde traten mit der Überzeugung an, dass auch bei den bis dahin als hoffnungs- und erfolglos, als „depraviert" und „therapieresistent" geltenden chronifizierten Abhängigen bei entsprechender Betreuung und menschenwürdigem Umfeld Förderung sinnvoll und Entwicklung möglich ist.

Das erste soziotherapeutische Heim der AHG entstand Anfang 1979 in Düsseldorf-Eller, noch im selben Jahr folgte Haus Dondert in Kevelaer. 1983 konnten weitere soziotherapeutische Heime in Remscheid und in Grefrath ihre Arbeit aufnehmen.

Auch außerhalb Nordrhein-Westfalens entstanden zwei neue soziotherapeutische Einrichtungen: Im Herbst 1983 wurde das Therapiezentrum Germersheim in der Pfalz und 1984 das Therapiezentrum Bassenheim in der Eifel eröffnet.

In Erweiterung des Betreuungsspektrums wurde 1991 in Grevenbroich mit dem Haus Welchenberg ein weiteres soziotherapeutisches Heim eröffnet. Hier werden Abhängige mit besonders schwerwiegenden körperlichen und seelischen Folgeerkrankungen betreut. Neben der Grunderkrankung „Alkoholismus" zeigen sich bei vielen Bewohnern schwere körperliche Gebrechen und Behinderungen, chronifizierte Erkrankungen oder zusätzliche psychiatrische Krankheitsbilder, die eine besonders intensive Hilfe und Betreuung erfordern.

Fast alle soziotherapeutischen Einrichtungen verfügen heute über eine oder mehrere Außenwohngruppen. Hier leben Bewohner, die einer engmaschigen Heimbetreuung nicht mehr bedürfen, mit einer selbständigen Lebensführung jedoch (noch) überfordert sind. Je nach Indikation und Zielsetzung ist die Außenwohnguppe für einen Teil der Bewohner eine weitere, zeitlich begrenzte Etappe auf dem Weg zu einem völlig autonomen Leben, für einen anderen Teil ist sie auch langfristiges, beschütztes und unterstützendes Zuhause außerhalb des Heimes.

Die soziotherapeutischen Einrichtungen der AHG können heute auf eine zwanzigjährige erfolgreiche Arbeit zurückblicken. Erfolgreich in erster Linie für einen erheblichen Teil der rund 5.000 behandelten abhängigen Frauen und Männer, die wir auf dem Weg zu einem menschenwürdigeren, selbständigeren und gesünderen Leben begleiten und unterstützen konnten. Es hat sich gelohnt, jede gelungene Integration macht Mut und Hoffnung.

Gemeinsame Grundsätze unserer Arbeit

Trotz unterschiedlicher Schwerpunkte und Spezialisierungen der Heime und Therapiezentren liegen unserer Arbeit wesentliche gemeinsame Leitgedanken zugrunde:

- Wir wollen alkohol- und medikamentenabhängigen Frauen und Männern dabei helfen, in möglichst selbstbestimmter und gesunder Weise ihren eigenen Weg zu gehen und am Leben in der Gemeinschaft teilzunehmen.
- Wir möchten unseren Bewohnern vorübergehend oder dauerhaft ein Zuhause bieten, das sie Respekt, Wertschätzung, Geborgenheit und Unterstützung erfahren lässt.
- Durch einen suchtmittelfreien, stabilisierenden und anregenden Lebensraum wollen wir günstige Entwicklungs- und Lernbedingungen für unsere Bewohner schaffen. Hier können neue Kompetenzen erworben und ausprobiert werden.
- Wir gehen davon aus, dass fast jeder Mensch über eigene Potenziale und Ressourcen verfügt, um seine Situation zu verändern. Insofern unterstützen und fördern wir Eigeninitiative, die Fähigkeit zur Selbsthilfe und Selbstverantwortung.
- Jeder, der in unsere Behandlung kommt, ist ein einzigartiger Mensch. „Die Trinkerpersönlichkeit" gibt es nicht. Die individuellen Unterschiede der Bewohner sind größer als die Gemeinsamkeiten. Auch Ziele und Lebensperspektiven sind unterschiedlich. Deshalb braucht jeder unserer Bewohner individuelle Behandlungsschwerpunkte und -inhalte.
- Unsere Aufmerksamkeit bei der Betreuung der Bewohner richten wir eher auf die möglichen Veränderungen und Lösungen als auf Schwierigkeiten, Beschwerden und Probleme.
- Die Einbindung in das gesellschaftliche Umfeld ist für uns eine wesentliche Grundlage für die soziale Wiedereingliederung. Deshalb ist uns ein guter Kontakt zur Nachbarschaft und die Integration in die Gemeinde wichtig, in der wir mit den Bewohnern leben und arbeiten.

- Großen Wert legen wir auf die wissenschaftliche Überprüfung der Wirksamkeit und Weiterentwicklung unseres Behandlungsansatzes. Aus diesem Grund arbeiten wir mit Forschungsinstituten und Universitäten zusammen.
- Die Arbeit mit unseren Bewohnern erfordert ein hohes Maß an fachlicher Kompetenz, Wissen, Erfahrung, persönliches Engagement und Reife. Deshalb ist uns die persönliche und fachliche Entwicklung unserer Mitarbeiter besonders wichtig.

Im Mittelpunkt der Unternehmensphilosophie des Gesamtunternehmens steht der hohe Qualitätsanspruch an die Arbeit mit den uns anvertrauten Patienten. Die Qualität der Arbeit wird durch ein konsequentes Qualitätsmanagement gesichert und ständig verbessert. Wir legen die Methoden und Ergebnisse unserer Arbeit offen und lassen uns an unseren eigenen Ansprüchen messen. Nachvollziehbare Konzepte, Transparenz unserer Arbeit, Wissenschaftlichkeit, Kreativität und Ideenreichtum in der zielorientierten Weiterentwicklung unserer Arbeit garantieren unseren Bewohnern bestmögliche Behandlungsbedingungen.

2 Allgemeine Grundlagen

2.1 Was ist Soziotherapie?

Es sind viele kleine alltägliche Schritte, die erfolgreiches Handeln in der Soziotherapie ausmachen. Worum geht es dabei? Soziotherapie fördert nach Dörner und Plog (1978)

> „... die normalen, regelhaften, allgemeinen, alltäglichen, gesunden, nicht an Krankheit gebundenen, d.h. freien Anteile eines Individuums."

> „In dem Maße, in dem ein Patient in unbestimmten, in allgemeinen, d.h. auch in informellen Situationen seine Reaktionen auf Anforderungen aus dem Alltag, auf Regeln, auf Normales, Banales kennen und überprüfen lernen kann, in dem Maße findet Soziotherapie statt."

Soziotherapie hat sich ursprünglich auf der Grundlage und innerhalb der Grenzen von psychiatrischer Versorgung entwickelt. Erste gezielte psychiatrische Betreuungsmaßnahmen, die unter diesen Begriff „Soziotherapie" zu subsummieren wären, sind ca. 200 Jahre alt. Bis dahin wurden „allgemeingefährliche" und „gewalttätige" Geisteskranke von Staats wegen ausgesondert, ihre „Behandlung" bestand im Wegschließen, Misshandeln und ähnlichen Maßnahmen.

In der Umbruchsituation des ausgehenden 18. Jahrhunderts, im Zeitalter Rousseaus, im „Jahrhundert der Vernunft" und mit der einsetzenden Institutionalisierung der Psychiatrie (die sogenannte „humane Revolution in der Psychiatrie") haben sich Vorstellungen und Handlungsansätze entwickelt, die auf eine humanere und damit effektivere Behandlung von Geisteskrankheit abzielten.

In Frankreich, Amerika und vor allem England widmete man sich mit großem Eifer der sogenannten „moralischen Behandlung". Darunter verstand man eine Lebensform für geistig Behinderte, frei von würdelosen und unmenschlichen Strukturen. In einer Abhandlung der amerikanischen Psychiatriegeschichte wurde diese Form als

> „... organisiertes Zusammenleben in der Gruppe (beschrieben), bei dem durch die Einbeziehung und die Kontinuität von Arbeit, Spiel und gemeinsamen Unternehmungen das Leben insgesamt als sinnvoll erfahren wird und so alle Voraussetzungen dafür gegeben sind, dass der Einzelne neuen Lebensmut und neue Lebensfreude erwirbt" (Bockoven, 1963).

Dieser Ansatz geriet jedoch mehr und mehr in Vergessenheit. Die fortschreitende Industrialisierung und die damit einhergehenden äußeren und inneren Strukturveränderungen der Nervenheilanstalten, die Missdeutung der Darwinschen Theorien und anderes mehr mögen die Gründe dafür gewesen sein. Eine rein naturwissenschaftliche Sicht- und Vorgehensweise gewann zunehmend an Boden. Der Mensch als Objekt – aus seinen Lebenszusammenhängen genommen – präsentiert der Medizin seine kranken Anteile zur Diagnose, Behandlung und Heilung.

Mit dem Aufkommen der Sozialwissenschaften, aber auch der Entwicklung der Psychoanalyse und anderer Therapieformen, vollzog sich allmählich ein Einstellungswandel. Die Soziologie widmete sich der Betrachtung sozialer Prozesse, dem, was sich zwischen den Menschen abspielt. „Krankheit" wurde jetzt in viel komplexeren Bedeutungszusammenhängen gesehen. Der Mensch in seiner Rollenvielfalt, in seiner sozialen Abhängigkeit und Beeinflussbarkeit, der Einfluss von Umwelt-, Lebens- und Arbeitsbedingungen auf das gesundheitliche Wohlbefinden wurde Gegenstand zahlreicher Untersuchungen. Auch das Krankenhaus konnte nun als Einheit betrachtet werden, in dem eine Vielzahl von Menschen – Patienten, Ärzte, Personal etc. – zusammen lebten, arbeiteten und sich gegenseitig beeinflussten. Begriffe wie „Rolle", „Kommunikation" und „Identität" kamen auf und wurden Allgemeingut.

Für die Entwicklung soziotherapeutischer Theorie und Praxis war das aufkommende soziologische Interesse natürlich von besonderer Bedeutung, war doch Rehabilitation nur unter primär soziologischer und nicht rein medizinischer Vorgehensweise effektiv möglich. Mit der „moralischen Behandlung" von Philippe Pinel, der auch als Folge der Freiheitsideen der französischen Revolution 1798 in der Pariser Salpêtrière seinen Kranken die Ketten abnahm, mit John Conollys „no restraint-Bewegung", der in seiner Anstalt 1839 alle mechanischen Zwangsmittel abschaffte (Conolly, 1856), mit Bells „offenen Türen", der Einführung der Arbeitstherapie in den 20er Jahren durch Hermann Simon in Gütersloh sind nur einige interessante soziotherapeutische Modelle genannt, über die der Versuch unternommen wurde, aus konservativen Denk- und Behandlungsschablonen psychiatrischer Krankenhäuser auszubrechen und Rehabilitation unter einem wesentlich erweiterten Bezugsrahmen zu sehen.

Die „therapeutische Gemeinschaft", in den 40er Jahren in England durch Main (1946) entwickelt und später von Maxwell Jones (1976) übernommen und weiter ausgeformt, stellt in der Geschichte der Soziotherapie etwas Besonderes dar. Hier wurden zum ersten Mal innerhalb rigider Klinikstrukturen vorrangig und konsequent soziotherapeutische Praktiken und Einstellungen angewendet und gelebt. Im Rahmen der Versorgung seelisch stark beeinträchtigter ehemaliger Soldaten im Northfield Hospital, Birmingham, kurz nach dem Zweiten Weltkrieg, schuf Main mit Psychoanalytiker-Kollegen diese neue Behandlungsform, von der er sagte, dass

„ ... das Experiment von Northfield der Versuch ist, ein Krankenhaus nicht als eine von Ärzten im Interesse ihrer eigenen größeren technischen Effizienz geleitete Organisation zu nutzen, sondern als eine Gemeinschaft mit dem unmittelbaren Ziel der vollen Beteiligung aller ihrer Mitglieder an ihrem täglichen Leben und im Endziel der Resozialisation der neurotischen Menschen auf das Leben in der normalen Gesellschaft hin" (Main, 1946).

Nach Aussagen zeitgenössischer Beobachter zeichnete sich dieses Modell durch „Demokratisierung, Permissivität, Kommunikation und Konfrontation mit der Realität" (Caudill et al., 1970) aus. Die übliche institutionelle Rollen- und Aufgabenverteilung wurde aufgelöst, die Patienten in die Mitverwaltung des Alltagsablaufes der einzelnen Abteilungen gleichberechtigt und vorrangig mit einbezogen.

Alle waren in Gruppen unterteilt, denen man gemeinsam unterschiedliche Aufgabenstellungen zugeteilt hatte: von der Organisation häuslicher Angelegenheiten in den einzelnen Abteilungen bis hin zur Durchführung von Gruppen. Das generelle Ziel war die soziale Analyse des „Hier und Jetzt". Es wurde der Frage nachgegangen, was sich unter den Mitgliedern der jeweiligen Gruppe abspielte und was letztendlich an Einsicht über sich selbst für jeden gewonnen werden konnte. In den 60er und 70er Jahren fand diese Sichtweise vor allem in den anglikanischen Ländern viele Anhänger. Wenn diese Idee auch wegen ihres teilweisen zu elitären Anspruchs auf Dauer nicht die Verbreitung gefunden hat, so sind doch einige Forderungen, die damals aufgestellt und gelebt wurden, grundsätzlich aus keinem soziotherapeutischen Setting mehr wegzudenken: das Training der Selbstverwaltung und die verantwortliche Miteinbeziehung der Patienten in bestimmte Aufgaben und das Prinzip der sozialen Unterstützung.

Clark (1977) hebt vor allem drei Bereiche hervor, die den Kern jeglichen soziotherapeutischen Arbeitens treffen:

Aktivität
Die Erfahrung, dass Nichtstun die Menschen regredieren lässt, im Gegensatz zu sozial anerkannten Tätigkeiten, die damit rehabilitativen Charakter bekommen.

Freiheit
Die Frage, wieviel Bewegungs-, Handlungs- und Entscheidungsspielraum dem einzelnen Patienten nützt und wieviel ihm – etwa im Sinne einer Überforderung – eher schadet.

Verantwortung
Hier geht es um die Übertragung von Verantwortung auf Personen (Patienten) mit dem Ziel, daran zu wachsen.

Eng damit verknüpft ist ein weiteres Grundprinzip soziotherapeutischen Arbeitens: Das „lebendige Lernen" (Jones, 1976), am „Hier und Jetzt", an der Normalität des Alltagslebens, über sich und andere; erfahren, was möglich und was unannehmbar ist („Wachstum durch Krisenbewältigung", Cumming und Cumming, 1979). Krank sein bedeutet nach Dörner und Plog (1996) „Weltverlust", anders sein, aus der Normalität ausgeschlossen sein, Verlust von sozialer Aktivität, die die Teilnahme an dieser Normalität erst erschließt. Alle Resozialisierungsbemühungen sind auf eine Rückkehr in diese Normalität ausgerichtet, die jedoch in starkem Kontrast zum medizinisch-therapeutischen Milieu einer stationären Behandlung steht. Soziotherapie fördert das Normale, Alltägliche, das „Nichtkranke", das Gesunde des Patienten. Der Patient muss unterscheiden lernen zwischen: „Krank sein müssen und gesund sein können" (Dörner und Plog, 1978).

Innerhalb eines therapeutischen Settings muss eine für den Patienten wahrnehmbare und erlebbare Wirklichkeit vorhanden sein. Soziotherapie ist nach Dörner und Plog (1978) „... die Basis therapeutischen Handelns in psychiatrischen

Einrichtungen", da eine Psychotherapeutisierung des gesamten Behandlungssettings im Klinikalltag wirklichkeitsfremd, alltagsfern und deshalb nicht hilfreich und fördernd ist.

Bosch (1967) versteht Soziotherapie als Lernprozess. Er sieht Soziotherapie geradezu „spiegelbildlich" zur Psychotherapie. Hier gewollte Realitätsferne, um frei von sozialen Normen ungehindert und in permissiver Atmosphäre das ausprobieren, ausleben und erkennen können, was sonst undenkbar ist, dort gewollte Realitätsnähe, Hervorhebung und Förderung der gesunden Anteile der Betreffenden. Kranke Anteile werden nicht verdrängt, aber auch nicht besonders betont. Während in der Gruppenpsychotherapie die Beziehungsdynamik im Vordergrund der Arbeit steht, ist die Gruppenarbeit soziotherapeutischer Herkunft grundsätzlich sachbezogen. Hier soll gelernt und geübt werden, gefühlsmäßige Anspannung zu bewältigen, ohne auf alte Krankheitsmuster zurückgreifen zu müssen. Bei allzu starker Zurückhaltung oder Hemmung des Patienten, sich zu äußern oder an bestimmten Aktivitäten teilzunehmen, steht für den Soziotherapeuten nicht die Verhaltensinterpretation des Patienten im Vordergrund, sondern der Versuch, ihn unter Anknüpfung an früher vorhandene Kompetenzen, unter Nutzung seiner aktuell aktivierbaren Potenziale und Ressourcen, zum Handeln und zum Mitmachen zu animieren. Dabei steht nicht das Herausarbeiten pathologischer Verhaltensweisen im Vordergrund, sondern die Förderung konkreter selbstwertsteigernder und selbstwertstabilisierender Bewältigungserfahrung durch erfolgreiche handlungsorientierte Erledigung vorgegebener (kleinerer) Aufgaben oder Ämter, das Überwinden von Schwierigkeiten und Bewältigen bestimmter Stimmungen oder Situationen.

Soziotherapie, als „Lernen am Ernstfall" (Dörner und Plog 1978), als „Anpassung an die Realität der Umwelt" (Bosch, 1967) muss letztendlich als Hineinwachsen in den Alltag und Bewältigung von Alltäglichem außerhalb jeglicher Krankenhaus- und Betreuungsstrukturen verstanden werden. Bei Patienten mit schweren geistigen und psychischen Beeinträchtigungen kann dies natürlich nur in abgestuften Schritten geschehen.

2.2 Bewohnerprofil

In unseren soziotherapeutischen Einrichtungen werden alkohol- und medikamentenabhängige Frauen und Männer betreut, die über ihre meist jahrzehntelange Abhängigkeitserkrankung hinaus einen hohen Grad an Komorbidität (Kreuels und Tazl, 1999) aufweisen. Sie haben ein nicht nur vorübergehendes Ausmaß an körperlicher, seelischer oder geistiger Behinderung, so dass sie mittelfristig oder auch dauerhaft nicht in der Lage sind, allein ohne stationäre Betreuung zu leben und am gesellschaftlichen Leben teilzunehmen.

Die soziodemographischen Merkmale (s. Anhang 1) unserer Bewohner (Stichtagserhebung 31.12.1998; n=558) wie geringe familiäre Bindung, niedriger Bildungsstand, fehlende Schulabschlüsse, geringe berufliche Qualifikation, hoher Erwerbslosenstand usw. können als Ausdruck erheblicher sozialer Instabilität und Deklassierung gewertet werden.

Aufgrund ihrer langjährigen Abhängigkeit mit entsprechend häufigen Vorbehandlungen (Entgiftungen, Entwöhnungen, Krankenhaus-Aufenthalten usw.) sind die Bewohner der soziotherapeutischen Heime bei Behandlungsbeginn meist beruflich und sozial desintegriert und entwurzelt, sie erfahren selten soziale Unterstützung durch Familie, Verwandtschaft oder Freunde. Aus dem Arbeitsleben sind sie in der Regel längst ausgeschieden. Meist fehlt ihnen auch die Kompetenz, selbständig alltägliche Anforderungen wie Orientierung in ihrer Umwelt, Zeitstrukturierung, Selbstversorgung oder Hygiene zu bewältigen und oft die Kraft, der Mut, das Wissen und die Erfahrung, ihre Situation zu verändern.

2.3 Suchtverständnis und Behandlungsprinzipien

Bei uns gibt es keine Standardbehandlungen oder Standardlösungen, denn Abhängigkeitsentwicklungen haben viele Ursachen. Auswirkungen auf die Entwicklung einer Abhängigkeit haben neben genetischen, neurobiologischen, biochemischen, physiologischen, soziokulturellen und gesellschaftlichen Bedingungen die jeweils spezifische psychotrope Wirkung des Suchtmittels, psychische Eigenschaften, Glaubenssysteme, Einstellungen und Grundhaltungen des Konsumenten, sein sozialer und familiärer Kontext, seine sozialen Kompetenzen und Defizite, seine individuelle Lebensgeschichte und Lernerfahrung sowie besondere Lebensereignisse und -situationen.

Wir verstehen süchtiges Verhalten als einen von vielen möglichen, wenn auch ungeeigneten und fehlgeschlagenen, aber dennoch nachvollziehbaren, verstehbaren und sinnhaften Selbstheilungs-, Lösungs- und Bewältigungsversuch eines Abhängigen. Damit wenden wir uns von klassischen Krankheitsmodellen der Sucht ab, die von einer ausschließlich pathologieorientierten Sichtweise der Abhängigkeit ausgehen und eine absolute Selbststeuerungsunfähigkeit und den Kontrollverlust des Betroffenen postulieren.

Eine auf diesem Suchtverständnis basierende Behandlung Abhängiger hat zwangsläufig andere Inhalte und Schwerpunkte als eine auf pathologieorientierten Therapieansätzen basierende Behandlung. In unserem ressourcen- und potenzialorientierten Therapieansatz geht es darum, Betroffenen mehrere, möglichst geeignetere Wahlmöglichkeiten zur Verfügung zu stellen. Das heißt aber auch, Abschied zu nehmen von einem einheitlichen Krankheitsbild, *dem* Alkoholabhängigen und *dem* chronisch Abhängigkeitskranken. Vielmehr muss davon ausgegangen werden, dass es nur individuelle, höchst verschiedene Abhängige mit unterschiedlicher Persönlichkeit und Lebensgeschichte, unterschiedlichen Möglichkeiten, Stärken und Fähigkeiten, unterschiedlichen Interessen, Motiven, Zielen und Bedürfnissen gibt. Eben weil die Erscheinungsformen der Abhängigkeit aufgrund des multikonditionalen Bedingungsgefüges so vielfältig sind wie die Menschen, denen wir in der Therapiesituation begegnen, kann es auch nicht ein einheitliches Therapieziel, den „einzig richtigen Weg" oder die „richtige" Methode, sondern nur individuell festzulegende Ziele und Angebote geben. Hilfreich und unterstützend ist es deshalb im Sinne von Gunther Schmidt (1989), „vom ersten Kontakt an .... den Blick der Beteiligten auf die Faktoren zu lenken, die mit der möglichen und gewünschten Lösung des Klienten einhergehen. Dabei sollte die Autorität über die anzustrebenden Lösungen beim Klienten angesiedelt sein." Dadurch wird die Würde, Autonomie und Kompetenz des Klienten anerkannt, er wird von der gescheiterten „Defizitfigur" zum Kooperationspartner.

Die angewandten Behandlungsmethoden richten sich nach den individuellen Gegebenheiten und Notwendigkeiten jedes einzelnen Klienten mit seinem persönlichen Hintergrund, seiner aktuellen Situation und seinen Zielen. Unser Behandlungsansatz ist methoden- und therapieschulenübergreifend. Wesentliche Leitlinien unseres Therapieverständnisses sind u.a. auch die von Grawe et al. (1994) postulierten Wirkprinzipien und Bedingungen erfolgreicher Therapie: Aktive Hilfe zur Problembewältigung, Klärungsarbeit, Problemaktualisierung oder Prinzip der realen Erfahrung und Ressourcenorientierung. Ein weiteres wichtiges Prinzip speziell für unsere soziotherapeutische Arbeit ist die Akzeptanz von Schwächen, Defiziten, Unzulänglichkeiten und Stagnation.

Aktive Hilfe zur Problembewältigung

Verhaltensorientierte sozio- und milieutherapeutische Interventionen mit systemischen, lösungs- und handlungsorientierten Anteilen sind darauf ausgerichtet, unsere Bewohner aktiv dabei zu unterstützen, ihre Schwierigkeiten und Probleme zu bewältigen. Sie machen die konkrete und sinnliche Erfahrung, ohne Alkohol und Medikamente (besser) leben zu können, früher unlösbar erscheinenden Problemen, Angst auslösenden Situationen, Stimmungen und Zuständen gelassener und sicherer gegenüberstehen zu können und über mehr Handlungsspielraum zu verfügen. Durch reale Bewältigungserfahrung wächst Selbstsicherheit, Selbstvertrauen, Selbstverantwortung, Selbstwirksamkeitserwartung und Stabilität.

Klärungsarbeit

Klärungsarbeit heißt, dem Bewohner mit kognitiven Methoden dabei zu helfen, sich über die Bedeutung seines Erlebens und Verhaltens klarer zu werden. Wenn, wie angenommen, in jedem abhängigen Verhalten immer auch ein missglückter Problemlöseversuch steckt, können wir nicht davon ausgehen, dass unser Bewohner mit seinem Leben besser zurechtkommen wird, wenn wir ihm die Flasche wegnehmen, ohne mit ihm eine Alternative, eine Perspektive, einen Sinn oder einen höheren Wert (Leben, Gesundheit, Verstand etc.) zu finden. Es geht darum zu klären, warum er in welchen Situationen getrunken hat und welches die zentralen Motive seines Trinkens waren, ehe es sich verselbständigt hat. Erst wenn er die auslösenden und stabilisierenden Gründe für seine Abhängigkeit deutlicher sieht, kann er sich klarer für andere, wirksamere und gesündere Verhaltensalternativen entscheiden. Erst dann kann er sich klarer eigene Ziele setzen und diese verfolgen. Eigene, selbstgesetzte Ziele, darauf weist Körkel (1999) hin, sind nicht nur bei klinischem Problemverhalten im Allgemeinen, sondern auch bei Suchtverhalten im Besonderen, verhaltenswirksamer als fremdgesetzte. Dies gilt ausdrücklich auch für hirnorganisch stärker beeinträchtigte oder intelligenzgeminderte Bewohner, die in ihrer Introspektionsfähigkeit eingeschränkt sind. Gerade diese müssen wir besonders dabei unterstützen, *einfach* klarer zu sehen und ihre Ziele zu klären.

Problemaktualisierung oder Prinizip der realen Erfahrung

Bei diesem Prinzip geht es uns darum, dem Bewohner im Rahmen der Therapie die Problembereiche, die bewältigt werden sollen, real erfahrbar und erlebbar zu machen. Dies geschieht im Zusammenleben in der therapeutischen Gemeinschaft mit dem ganzen Spektrum von möglichen Beziehungskonstellationen, die ein enormes Lern- und Übungsfeld für die Entwicklung sozialer Kompetenzen bieten. Alltags- und handlungsorientierte therapeutische Verfahren ermöglichen es dem Bewohner, Probleme, Schwierigkeiten, kritische Situationen, unangenehme Stimmungen etc. zu erleben und mit therapeutischer Unterstützung Lösungen für sich zu suchen und zu finden.

Ressourcenorientierung

Wir gehen davon aus, dass jeder Mensch über eigene Potenziale und Ressourcen verfügt, um seine Situation zu verändern. Das therapeutische Setting schafft ein Klima, innerhalb dessen der Bewohner seine Stärken, seine noch erhaltenen Möglichkeiten und Potenziale erfahren kann. Dies können wir am ehesten durch eine stabile, unterstützende, wertschätzende, aufbauende und fördernde therapeutische Beziehung ermöglichen. Insofern ist die Therapiebeziehung eine der wichtigsten Ressourcen (Huf, 1992).

Akzeptanz von Schwächen, Defiziten, Unzulänglichkeiten und Stagnation

Bei vielen unserer Bewohner haben die alkoholbedingten Störungen ein solches Ausmaß erreicht, dass trotz aller therapeutischen Bemühungen wesentliche Entwicklungen und Verbesserungen nicht zu erwarten oder sogar mit Rückschritten oder Verschlechterungen des körperlichen oder geistigen Zustandes wie etwa bei der alkoholbedingten Demenz zu rechnen ist. Gerade diese Bewohnergruppe braucht eine besondere Betreuung und Fürsorge sowie ein hohes Maß an Sicherheit, Stabilität und Schutz. Jeder dieser gravierend beeinträchtigten Bewohner muss wissen und vor allem spüren, dass er sich mit all seinen Schwächen und Unzulänglichkeiten in unseren Einrichtungen angenommen, respektiert und sicher fühlen kann. Er muss spüren, dass er bleiben kann wo er ist und auch so bleiben kann, wie er ist.

Der Umgang mit dieser Bewohnergruppe erfordert von den Betreuern ein hohes Maß an Stabilität, an Respekt gegenüber dem Betroffenen, an Takt, Toleranz, Geduld, Erfahrung und Bereitschaft, Hand anzulegen und zu helfen. Viele dieser Bewohner sind über verbale therapeutische Interventionen schlecht zu erreichen, sie erleben aber über die konkrete Unterstützung und Hilfe Geborgenheit, Sicherheit und Wertschätzung. Manche von ihnen können, oft nach langer Zeit und wenn sie sich sicher genug fühlen, doch noch unerwartete Entwicklungsschritte machen.

2.4 Rückfallprophylaxe und Rückfallarbeit

Langfristige Erfolge können auch trotz guter äußerer Bedingungen mit kurzfristigen Rückschlägen verbunden sein. Eine wesentliche Voraussetzung für den Gesundungsprozess und die Abstinenzentscheidung des Bewohners ist natürlich ein stabiles und alkoholabstinentes Umfeld in der Einrichtung. Aus diesem Grund sind zur Sicherung des abstinenten Milieus Konsum, Erwerb oder Aufbewahrung von Suchtmitteln während der gesamten Dauer des stationären Aufenthaltes verboten. Deshalb finden auch Alkohol- und Zimmerkontrollen statt. Aber weder durch Alkoholkontrollen noch durch angekündigte Sanktionen lassen sich Rückfälle während des stationären Aufenthaltes verhindern.

Wir betrachten Alkoholrückfälle als Symptome der Abhängigkeit, aber auch als eigene Entscheidungen unserer Bewohner. Rückfälle sind weder durch magische Kräfte noch durch unabwendbare Naturgesetze hervorgerufen, sondern durch Prozesse, die Betroffene mehr oder weniger aktiv steuern und beeinflussen können (Körkel und Lauer, 1992). Ziel unserer rückfallpräventiven Arbeit ist es deshalb, unseren Bewohnern zu helfen, kritische und rückfallbegünstigende Situationen zu erkennen und ihre Steuerungsfähigkeit zu verbessern. Wir unterstützen sie bei der Erarbeitung von Kompetenzen, in problematischen und schwierigen Situationen geeignete alternative suchtmittelfreie Maßnahmen ergreifen zu können, um Rückfälle zu vermeiden oder, wenn sie stattgefunden haben, sie zu beenden und ihre Konsequenzen so gering wie möglich zu halten. Diese Bewältigungsstrategien sind wesentliche Grundlagen für die Erhaltung der Gesundheit. Die Methoden der rückfallpräventiven Arbeit sind vielfältig: Themengruppen, Übungen, Analysen problematischer Situationen, Rollenspiele zum Experimentieren mit alternativen Verhaltensweisen, Ablehnungstraining etc. (Dreckmann, 1993; Marlatt und Gordon, 1985).

Rückfälle während der Behandlung sind immer ernst zu nehmende Krisen. Gerade bei unseren, meist auch körperlich erheblich beeinträchtigten Bewohnern, können Alkoholrezidive tödliche Folgen haben. Insofern muss jeder Rückfall eines Bewohners während seines stationären Aufenthaltes Konsequenzen haben. Diese erfolgen jedoch nicht durch Anwendung eines rigiden und unflexiblen „Sanktionskataloges", sondern individuell unter Berücksichtigung aller Rückfallbedingungen. Die Konsequenzen dienen nicht der Sanktion des Rückfälligen, sie bieten ihm sowohl Schutz als auch Raum, Zeit und Unterstützung für Rückfallanalyse und Rückfallaufarbeitung.

Neben formalisierten Routinemaßnahmen wie Rückfallgesprächen mit dem Bezugstherapeuten und in der Gruppe, Beantwortung eines Rückfallfragebogens und der Rückfalldokumentation, sind die Aufgaben und Auflagen, Regeln und Konsequenzen wie die Dauer des Verbleibs im Krankenzimmer, Ausgangsregelung etc. für den Einzelnen höchst unterschiedlich. Die Konsequenzen müssen deshalb unterschiedlich sein, weil Rückfälle selbst äußerst variabel sind. Sie unterscheiden sich hinsichtlich der Dauer, der Schwere, der Häufigkeit, der Intensität, der psychischen, körperlichen und sozialen Auswirkungen, sie unterscheiden sich hinsichtlich der Art und Weise der Entdeckung oder Offenlegung, des „Vorsatzes" oder der „Planung" sowie der Art und Weise des Umganges mit dem Rückfall. Nicht zuletzt zu berücksichtigen sind Patientenmerkmale wie Persönlichkeitsstörungen und hirnorganisches Psychosyndrom (Weiß der Bewohner, was er tut? Kann er die Rückfallkonsequenzen mit seinem Trinken in Zusammenhang bringen?).

Wir haben in den zurückliegenden Jahren die Erfahrung gemacht, dass zu viele Regeln nur die Illusion schaffen, die Situation unter Kontrolle zu haben. Mit weniger und weniger starren Regeln haben wir mehr Flexibilität für einen individuellen, zum Bewohner „passenderen" und konstruktiveren Umgang mit Rückfällen geschaffen. So kann auch die Chance zur Um- oder Neuorientierung, die in jedem Rückfall steckt, besser genutzt werden.

3 Betreuungsgrundlagen

Eine erfolgreiche Arbeit basiert auf dem Zusammenwirken vieler Faktoren. Im Folgenden werden die Grundlagen der Betreuung, das soziotherapeutische Milieu, Diagnostik, Therapiezielbestimmung, Behandlungsplanung, Gruppen- und Einzelbetreuung sowie die medizinische und pflegerische Betreuung dargestellt.

3.1 Soziotherapeutisches Milieu

Das Umfeld muss stimmen. Milieu und der Alltag in den Einrichtungen sind wesentliche und wirksame therapeutische Faktoren und Lernfelder für unsere Bewohner. Ihr Gesundungs- und Entwicklungsprozess wird nicht nur durch die therapeutische Beziehung oder therapeutische Interventionen, sondern vor allem durch die Lebensbedingungen, das Lebensumfeld und die alltägliche Beziehungsgestaltung unterstützt und gefördert: alltägliche Pflichten, gemeinsame Ziele und Aufgaben, Zusammenleben, Solidarität, Sicherheit und Geborgenheit, aber auch die Bewältigung alltäglicher Schwierigkeiten und Konflikte, Atmosphäre und Klima der Einrichtung, Plausibilität und Verständlichkeit von Regeln und Strukturen, Rituale und Feste, Wohnqualität in den Zimmern und Gruppenräumen, Service, Qualität des Essens, die Integration und Einbindung in die Gemeinde und vieles mehr. Passende und angenommene Rahmenbedingungen begünstigen und fördern Entwicklung und Veränderung, sie erleichtern die Akzeptanz des Heimes als vorübergehendes oder auch dauerhaftes Zuhause.

Normalität

In ihrer suchtaktiven nassen Phase haben unsere Bewohner oft ihre regelmäßige Ernährung, Körperhygiene, ihre Verantwortung für sich und andere, ihre sozialen Kontakte und Freizeitaktivitäten vernachlässigt. Zentraler Lebensinhalt war das Suchtmittel. Nichts anderes zählte. Oft konnten alltäglichste Anforderungen nicht mehr erfüllt werden.

Der Alltag in den soziotherapeutischen Einrichtungen orientiert sich möglichst eng am realen Leben und schafft so als Alternativentwurf eine Normalität ohne Suchtmittel. Dadurch werden die gesunden Anteile der Bewohner angesprochen und gestärkt. Sie können so lernen, sich wieder Schritt für Schritt der Normalität anzunähern und wieder Verantwortung für sich und die Gemeinschaft zu übernehmen. Zu dieser Normalität zählen beispielsweise die Teilnahme an regelmäßigen Mahlzeiten, ein angemessener Schlaf- und Wachrhythmus, der Jahreszeit und dem Anlass angemessene Kleidung, Körperpflege, Zimmerreinigung, Beteiligung am Hausputz, Waschen und Bügeln der Wäsche, Übernahme von Verantwortung und Verhaltensweisen wie Respekt, Toleranz, Rücksichtnahme und vieles mehr.

Heimat

Mitunter leben unsere Bewohner viele Jahre in der Einrichtung, sie wird vielleicht ihr Zuhause, ihre Heimat. Deshalb ist es wichtig, eine vertraute, wohnliche und persönliche Umgebung zu schaffen und zu gestalten. Dazu können die Bewohner ihr Zimmer nach eigenem Geschmack mit persönlichen Gegenständen wie Bildern, Erinnerungsstücken, Kleinmöbeln und Fernseher gestalten oder mit Eigenkreationen aus der Arbeits- und Beschäftigungstherapie verschönern. Das schafft einen persönlichen Raum, Behaglichkeit und Lebensqualität.

Viele unserer Bewohner, die oft jahrelang isoliert und ohne tragfähige soziale Kontakte gelebt haben, erleben hier Gemeinschaft, Zusammengehörigkeitsgefühl, Wertschätzung, Unterstützung und Solidarität. Innerhalb dieses neuen Lebensraumes entwickeln sich häufig langjährige und stabile Beziehungen, Freundschaften und Partnerschaften. Jüngere Bewohner „adoptieren" zuweilen ältere als Mutter oder Vater, umgekehrt nehmen diese die jüngeren oft „an Kindes statt" an. Manche finden neue Brüder oder Schwestern, es entstehen Freundschaften oder auch Zweckgemeinschaften von bemerkenswerter Stabilität. Nicht wenige Paare haben in den letzten Jahren in unseren Einrichtungen auch geheiratet. Anders als in Entwöhnungsbehandlungen oder anderen stationären psychotherapeutischen Kontexten wird diese neue Partnerschaft nicht als therapieschädlicher Störfaktor oder Vermeidungsverhalten verstanden, sondern wie „im richtigen Leben" als erfreuliches Ereignis. Auch diese Partnerschaften zeichnen sich oft als ausgesprochen stabile und funktionierende (Über-) Lebensgemeinschaften aus. Deshalb ist es in unseren Einrichtungen grundsätzlich möglich, dass Paare – auch das ist ein Beitrag zur Normalisierung – gemeinsame Zimmer bewohnen können.

Um den Bewohnern der soziotherapeutischen Einrichtung eine möglichst weitgehende Teilnahme am gesellschaftlichen Leben und Kontaktaufnahme zu ermöglichen, ist eine gemeindenahe Orientierung der Einrichtung zwingend notwendig. Dies bedeutet nicht nur räumlich die Möglichkeit des Zugangs zur Infrastruktur der Gemeinde mit allen kirchlichen, politischen, kulturellen, sportlichen, psychosozialen und sonstigen Angeboten, zu Gruppen, Vereinen etc., sondern auch die aktive Teilnahme der gesamten Einrichtung am Leben der Gemeinde. Das heißt auch: Integration in die unmittelbare Nachbarschaft und gelebte Kontakte. Dies geht nicht mit verschlossenen Türen. Wir öffnen unsere Einrichtungen und laden ein zu Sommerfesten, Tagen der offenen Tür, Kunstausstellungen und Musikveranstaltungen. Wir regen unsere Bewohner an, ihrerseits Angebote der Gemeinde (beispielsweise Sportvereine, Volkshochschule, Tanzkurse etc.) in Anspruch zu nehmen.

Kontakte zu den Kirchen am Ort bieten den Bewohnern die Möglichkeit, an Erfahrungen, Traditionen und Rituale ihrer Lebensgeschichte anknüpfen zu können. Begegnungen, Veranstaltungen und Gottesdienste ebnen ihnen den Weg, auch den Dienst der Kirche für sich persönlich in Anspruch zu nehmen. Die Einrichtungen pflegen den Kontakt zu den Pfarrern und Verantwortlichen der Gemeinden. Gottesdienste, spirituelle Angebote und Gesprächsrunden mit ihnen finden auch in den Einrichtungen selbst statt. Es versteht sich von selbst, dass solche Angebote im Heim den Wünschen der Bewohner angepasst sind und ihrem Bedürfnis nach Sinnfindung und religiöser Aktivität in ihrem Leben entsprechen.

Die Bewohner im soziotherapeutischen Heim können auch Tiere halten. Für viele bedeutet dies auch ein Stück Lebensqualität und Heimatgefühl. In den verschiedenen Einrichtungen können etwa Vögel, Schildkröten, Fische und in den eher ländlich gelegenen Einrichtungen sogar Ziegen, Kaninchen, Hühner und Gänse gehalten werden. Die Tiere gehören meist den Bewohnern selbst, zum Teil auch den Einrichtungen. Die Bewohner sind für einzelne Tiere verantwortlich, kümmern sich um das Füttern, um Sauberkeit und Pflege. Sie haben damit Verantwortung für ein Lebewesen übernommen, die ein gewisses Maß an Kontinuität, Regelmäßigkeit und Zuverlässigkeit erfordert. Der Bewohner ist wichtig für das Tier und umgekehrt. Dadurch wird das Wohlbefinden, die psychische Gesundheit und Stabilität der Bewohner gefördert.

Die Einrichtungen bieten mit Gartenanlage, Grillplatz, Café, Freizeiträumen, Bastel-, Sport- und Spielmöglichkeiten, Tischtennisplatte, Fahrrädern, Billard, Fernseh-, Videogerät und Computer vielfältige Möglichkeiten, den Feierabend zu Hause zu gestalten.

Atmosphäre, Rituale und Feste

Die Atmosphäre in der Einrichtung wird durch ein angstfreies, vertrauensvolles, freundliches, lebensbejahendes, respektvolles und lebendiges Miteinander geprägt. Dieses Miteinander vermittelt Sicherheit, verleiht dem Alltag Farbe und ermöglicht es dem Bewohner, sich zu Hause zu fühlen.

Wiederkehrende Rituale im Tages-, Wochen- oder Jahresrhythmus vermitteln Sicherheit und Orientierung, sie sind identitäts- und gemeinschaftsbildend. Die Bandbreite der Rituale reicht von den täglich gemeinsam eingenommenen Mahlzeiten über das gemeinsame Kaffeetrinken zum Wochenausklang, von der monatlichen Barbetragsauszahlung bis zur jährlichen Karnevalsfeier.

Karneval, Sommerfeste, Weihnachten etc. werden als Feste der Hausgemeinschaft – Geburtstage, Abstinenzjubiläen etc. als persönliche Festtage im familiären Kreis der Gruppe gefeiert. Sie vermitteln Lebensfreude und, etwa bei eigenem Geburtstag oder Abstinenzjubiläum, auch oft lange nicht erfahrene Wertschätzung und Anerkennung. Sie fördern somit die Entwicklung von Selbstrespekt und Selbstwertgefühl.

Die Bewohner gestalten den Rahmen und das Programm solcher Veranstaltungen mit und erfahren dabei, dass solche Höhepunkte Freude machen, aber auch Arbeit und Einsatz kosten.

Ausflüge und Urlaube

Urlaube alleine oder in der Gruppe und Ausflüge sind Gelegenheiten, Normalität und Realität zu erfahren, den festen Rahmen eine Zeit lang hinter sich zu lassen, selbst über die Zeit zu verfügen und Neues zu entdecken. Urlaube und Ausflüge sind aber vor allem ein Zuwachs an Lebensqualität und Lebensfreude. Oft bieten sich bei solchen Gelegenheiten völlig neue Einblicke in die Fähigkeiten und Potenziale einzelner Bewohner. Für das Klima der Einrichtung ist ein solcher Wechsel und die damit verbundenen Erfahrungen und Erlebnisse belebend.

3.2 Diagnostik

Jede erfolgreiche Behandlung bedarf einer gründlichen Behandlungsplanung. Voraussetzung hierfür ist eine präzise Befunderhebung und Einzelfalldiagnostik. Die gewonnenen Informationen über Lebens- und Krankheitsgeschichte, Persönlichkeit, körperliche, seelische, soziale und kognitive Beeinträchtigungen, Schweregrad von Leistungsminderungen, spezifische Leistungsdefizite und degenerative Prozesse, über erhaltene Fähigkeiten und Fertigkeiten des Bewohners bilden die Grundlage für die Behandlungsplanung.

Die Diagnose der Alkohol-, Medikamenten- oder polyvalenten Abhängigkeit ist bei unserer Klientel fast immer eindeutig und unstrittig. Angesichts der Unterschiedlichkeit unserer Bewohner, der multikonditionalen Genese, der Ausprägungsvielfalt und des Schweregrades der Abhängigkeit und all ihrer möglichen Folgen bedarf es jedoch einer weitergehenden und umfangreichen Diagnostik. Ein Teil dieser Diagnostik erfolgt routinemäßig bei jedem Bewohner, ein anderer nur bei Bedarf und in Abhängigkeit von den jeweiligen differenzialdiagnostischen Fragestellungen.

Neben einrichtungsspezifischen Erhebungsinstrumenten (Anamnesebogen, medizinische Stellungnahme, Sozialbericht) kommen standardisierte und normierte Testverfahren (Leistungs- und Persönlichkeitstests) und freie Interviews zur Anwendung. Darüber hinaus werden für alle möglichen Lebensbereiche (Alltagskompetenzen, Arbeitsverhalten, Sport/Mobilität, kognitives Leistungsvermögen etc.) systematisierte Verhaltensbeobachtungen durchgeführt. Aussagefähige Testergebnisse sind u.a. auch Bestandteil von Gutachten und Entwicklungsberichten.

Infogespräch

Das Infogespräch ist der erste Kontakt mit dem zukünftigen Bewohner. Es findet meist einige Zeit vor der eigentlichen Aufnahme statt. In der Regel wird der vorgestellte Bewerber von einem gesetzlichen Betreuer, einem Mitarbeiter der zuweisenden Institution oder einem Familienangehörigen begleitet.

Das Gespräch dient dem gegenseitigen Kennenlernen. Insofern ist der diagnostische Prozess ein beidseitiger. Einerseits soll der Klient die Möglichkeit haben, alles für ihn Wichtige über sein mögliches späteres Zuhause zu erfahren, was er zu seiner Entscheidungsfindung braucht. Andererseits sammeln die Mitarbeiter beim Gespräch die Informationen, die für eine Aufnahmeentscheidung relevant sind.

Das Infogespräch gibt dem Klienten die Gelegenheit, in möglichst lockerer und entspannter Atmosphäre, meist mit Kaffee und Gebäck, die Bewohner, Mitarbeiter, das Haus und die Behandlungsmöglichkeiten kennen zu lernen. Er kann sich von einem Bewohner das Haus zeigen lassen und auch von diesem „Insiderinformationen" erfragen.

Die Mitarbeiter erheben in einem strukturierten Interview (s. Anhang 2) alle relevanten anamnestischen oder fremdanamnestischen soziodemographischen und krankheitsbezogenen Daten und machen sich ein erstes Bild über Persönlichkeit, Krankheit, Grad der somatischen, psychischen und sozialen Beeinträchtigung sowie über Wünsche, Bedürfnisse, Pläne und Ziele des Bewerbers.

Am Ende des Gespräches sollte klar sein, ob eine Indikation für eine Aufnahme besteht (s. Kap. 4.1–4.7) und wir dem Bewerber mit unserem Betreuungsangebot die optimalen Entwicklungsbedingungen anbieten können. Es sollte seinem Krankheitsbild, seiner Persönlichkeit, seinen Möglichkeiten, seinen Wünschen und Bedürfnissen entsprechen und den zukünftigen Bewohner weder dauerhaft unternoch überfordern.

Sind diese Kriterien geklärt, erfolgt meist eine vorläufige Zusage oder eine Absage mit Vorschlägen von geeigneteren Behandlungsalternativen. Eine endgültige Zusage durch die Einrichtung erfolgt nach Erhalt des Aufnahmeantrages (Anhang 2a) mit allen notwendigen Unterlagen (medizinische Stellungnahme, Lungenbefund, eventuell notwendige ergänzende psychiatrische oder neurologische Befunde, Sozialbericht etc.) und gegebenenfalls weiterer Beratung im Mitarbeiterteam.

Der Bewerber wird gebeten, uns innerhalb eines absehbaren Zeitraumes entweder selbst oder über die einweisende Institution oder seinen Betreuer mitzuteilen, ob er eine Aufnahme wünscht.

Aufgrund ihrer hirnorganischen Veränderungen sind viele Bewohner aber nicht mehr in der Lage, sich selbst, ihren Zustand und ihre Situation angemessen beurteilen zu können, weitreichende Entscheidungen zu treffen oder längerfristig zu planen. In manchen Fällen sind Gesprächsinhalte auch nach kurzer Zeit einfach vergessen, entstellt oder verzerrt. Aus diesen Gründen ist es auch wenig hilfreich, im Rahmen des Infogesprächs von den Bewerbern weitreichende Erklärungen oder Lippenbekenntnisse zu „Krankheitseinsicht", „Abstinenzbereitschaft", „Behandlungsmotivation" oder Freiwilligkeit zu verlangen und davon die Aufnahme abhängig zu machen.

Ist ein Klient aufgrund seiner Beeinträchtigung zu einer eigenen Entscheidung nicht mehr in der Lage, muss ihm bei der Entscheidung geholfen werden. Häufig muss dann eine andere Person, meist ein Betreuer, mit aller nötigen und möglichen Gewissenhaftigkeit entscheiden, was im Interesse des Klienten, seiner Gesundheit und gegebenenfalls seines Lebens zu tun ist.

Aufnahmegespräch

Das Aufnahmegespräch hat neben diagnostischen auch therapeutische Inhalte. Der neu aufgenommene Bewohner wird von dem für ihn zuständigen Betreuer, dem Bezugstherapeuten willkommen geheißen. Ihm soll Angst, Verunsicherung und Irritation in einer neuen Umgebung genommen werden. Er wird bei der Orientierung in seinem neuen Lebensumfeld und bei der Integration unterstützt.

Dabei erhält der aufnehmende Therapeut eine Vielzahl von „ersten Eindrücken" über Persönlichkeit, Stimmungen, soziales Verhalten, Orientierung, Gedächtnis, Selbstbild, Ziele, Wünsche, Hoffnungen, Erwartungen, Ängste, Kompetenzen, Defizite und vieles mehr. Alle diese Eindrücke und Mitteilungen sind Informationen, die uns Hinweise geben, welche Hilfe und was der Klient braucht.

Anamnese

Die Anamnese findet in freier und standardisierter Form statt. Es werden gemeinsam mit dem Klienten unter Einbeziehung aller verfügbaren fremdanamnestischen Informationen (der einweisenden Institution, der Angaben von Angehörigen, Bekannten, Freunden etc.) die relevanten Daten zur Lebensgeschichte und zum Abhängigkeitsverlauf erhoben.

Ziel der Anamneseerhebung ist es, den Bewohner in seiner Gesamtheit, seiner einzigartigen Persönlichkeit und seiner ganz individuellen Geschichte, seiner Weltsicht und seinem Krankheitsverständnis kennen zu lernen. Uns interessieren seine Erklärungsmodelle, seine Ziele und Werte, seine Stärken, Interessen und Fähigkeiten, seine bisherigen – auch die gescheiterten – Lösungs- und Bewältigungsversuche. Wie hat er überlebt? Gab es Phasen der Abstinenz, der Stabilität oder Zufriedenheit? Wie hat er das geschafft? Wie ist sein Selbstbild, seine Selbstwahrnehmung und sein Selbstwertgefühl? Welche Selbsthilfepotenziale sind aktivierbar? Welches sind die der Sucht zugrunde liegenden zentralen Bedürfnisse, welche Bedingungen, Glaubenssysteme und Annahmen stabilisieren die Abhängigkeit? Gibt es zentrale traumatische Erfahrungen im Leben? Haben notwendige Entwicklungsschritte oder Reifungsprozesse stattgefunden? Welche Kompetenzen und Defizite hat er und was braucht er, um gesund leben und sich weiterentwickeln zu können?

Ein erheblicher Teil der relevanten soziodemographischen und krankheitsbezogenen Informationen werden bei der Erhebung der Basisdokumentation erfasst (s. Seite 31 und Anhang 3).

Medizinische Untersuchung

Über den Bewohner liegen uns bereits bei dessen Aufnahme ausführliche medizinische Angaben der einweisenden Institution vor. Alle für unsere Arbeit relevanten medizinischen (vor allem internistische, neurologische und psychiatrische) Informationen werden systematisch und in standardisierter Form erhoben. Bei der Aufnahme wird der Bewohner von den Konsiliarärzten der Einrichtungen (Allgemeinmediziner/Internisten und Psychiater/Neurologen) unter Einbeziehung vorliegender Arztberichte untersucht. Die weitere medizinische Behandlung wird geplant, gegebenenfalls auch unter Hinzuziehung weiterer Fachärzte vor Ort. Es wird festgehalten, welche körperlichen Beeinträchtigungen bestehen und wie diese im Betreuungsprogramm berücksichtigt werden müssen. Darüber hinaus werden Medikation, Pflege- und Hygieneprogramme abgestimmt.

Psychologische Tests

Bei bestimmten Fragestellungen können zur Diagnostik auch psychologische Testverfahren herangezogen werden. Neben Persönlichkeitstests wie dem MMPI oder der FPI kommen vorwiegend neuropsychologische Testverfahren zum Einsatz. Mit diesen Verfahren können auch diskrete kognitive Leistungseinbußen erfasst und objektiviert werden. Die Tabelle (Abb. 1, siehe rechts) gibt einen Überblick über einige der in den Einrichtungen verwendeten Verfahren.

Wesentliche Eigenschaften diagnostischer Verfahren sollten neben den üblichen Anforderungen an Testinstrumente wie Objektivität, Zuverlässigkeit und Gültigkeit gerade bei neuropsychologischen Verfahren vor allem Alltagsnähe und Zeitökonomie sein. Diese Bedingungen erfüllen leider die wenigsten Verfahren. Daher werden die meisten Tests auch nicht bei jedem Bewohner routinemäßig eingesetzt, sondern nur bei differenzialdiagnostisch problematischen Fragestellungen. Im Übrigen bedarf es bei unseren Bewohnern in den seltensten Fällen eines Gedächtnistestes, um das Vorliegen von Gedächtnisproblemen festzustellen. Hilf- und aufschlussreicher sind hier wegen ihrer Alltagsnähe und Praxisrelevanz die im Folgenden dargestellten eigenen Verfahren. Aus den gewonnenen Erkenntnissen lassen sich viel unmittelbarer Handlungskonsequenzen und Behandlungsstrategien ableiten.

Abbildung 1: Neuropsychologische Diagnostik bei Alkoholabhängigen

Screeningverfahren	Demenztest
	NAI (Nürnberger-Alters-Inventar)
	SKT (Syndromkurztest)
	c.I.-Test
	Tüluc (Tübinger Luria-Christensen
	Neuropsychologische Untersuchungsreihe)
Intelligenz	HAWIE (Hamburg-Wechsler Intelligenztest für Erwachsene)
	WIP (Reduzierter Wechsler Intelligenztest für Erwachsene)
	LPS (Leistungprüfsystem)
	SPM (Raven Standard Progressive Matrices)
	MWT-B (Mehrfachwahl-Wortschatz-Test)
Gedächtnis	BAT (Berliner Amnesietest)
	RBMT (Rivermead Behavioural Memory Test)
	WMS-R (Wechsler Memory Scale-Revised)
	SKT (Kurztest zur Erfassung von Gedächtnis- und
	Aufmerksamkeitsstörungen)
	DCS (Diagnosticum für Cerebral-Schädigung)
Aufmerksamkeit und Konzentration	d2
	FAIR (Frankfurter Aufmerksamkeitsinventar)
Räumlich-visuelle Leistungen und viso-motorische Fähigkeiten	SPM (Standard Progressive Matrices)
	Benton
	Mosaiktest
Handlungsplanung und Problemlösen	WCST (Wisconsin Card Sorting Test)
	Turm von Hanoi
	BADS (Behavioural Assessment of the
	Dysexecutive Syndrome)

Diagnostische Instrumente helfen aber gerade bei langen und „langsamen" Therapieverläufen, Entwicklungen zu erkennen, zu dokumentieren und zu objektivieren und die Effektivität der Arbeit zu überprüfen.

Eigene Skalen, Einschätzungsverfahren und Verhaltensbeobachtungen

Der Restitutionsprozess unserer Bewohner wird durch die gängigen psychometrischen Verfahren nur unzulänglich abgebildet. Daher war es sinnvoll, vorwiegend zur Erfassung alltagsrelevanter Fähigkeiten und Fertigkeiten, eigene Verfahren zu entwickeln und einzusetzen. Diese Diagnoseinstrumente, die teilweise in bestimmten Bereichen (Basisdokumentation Soziotherapie, Arbeitstherapie, Beschäftigungstherapie, Sport, kognitives Training) eingesetzt werden, sind in erster Linie Grundlagen für die Planung der bereichsspezifischen therapeutischen Maßnahmen, die erhobenen Informationen fließen aber auch grundsätzlich in die generelle Behandlungsplanung für den jeweiligen Bewohner ein.

Basisdokumentation (BADO)

Die revidierte Basisdokumentation Sucht/Soziotherapie (Fachausschuss Soziotherapie, 1999), die routinemäßig bei der Aufnahme angewendet wird, erhebt im Teil A und B alle wesentlichen soziodemographischen und krankheitsgeschichtlichen Informationen. Mit dem Teil C werden innerhalb der ersten vier Wochen (und dann in jährlichem Abstand und bei Entlassung) systematische Verhaltensbeobachtungen im Sinne von ADL-Skalen (Activities of Daily Living) zur Erfassung von Alltagskompetenzen (Hygiene, Orientierung, Freizeitverhalten etc.) durchgeführt. Mit diesem Teil der Basisdokumentation können Veränderungen und Entwicklungen während der Behandlung erfasst und objektiviert werden (s. Anhang 3).

Erhebungsinstrumente in der Arbeitstherapie (AT)

Neben Grundvoraussetzungen für die Arbeitsfähigkeit wie Ausdauer, Pünktlichkeit, Genauigkeit etc. werden in diesem Beurteilungsbogen (s. Anhang 4) von den Arbeitstherapeuten vorhandene handwerkliche Fähigkeiten erfasst und eingeschätzt. Darüber hinaus wird die berufliche Vorbildung geprüft und festgestellt, welche Kompetenzen noch vorhanden oder wiederherstellbar sind. Diese Erkenntnisse bilden die Grundlage für weitere Entscheidungen über den angemessenen, therapeutisch sinnvollen und entwicklungsfördernden Einsatz des Bewohners in der Arbeitstherapie.

Erhebungsinstrumente in der Beschäftigungstherapie (BT)

Auch in der Beschäftigungstherapie werden aus der praktischen Arbeit entwickelte Diagnoseverfahren (s. Anhang 5) verwendet, die eine Beurteilung der für diesen Bereich wesentlichen Fähigkeiten und Fertigkeiten erlauben. Hierbei handelt es sich um Grundfähigkeiten wie Ausdauer, Konzentration, Kreativität, Beweglichkeit und Geschicklichkeit im Umgang mit verschiedenen Materialien, Grob- und Feinmotorik, Planungsverhalten und Problemlösungsverhalten, Zahlenverständnis, Merkfähigkeit, Sicherheit im Lesen und Schreiben, Orientierung und Sozialverhalten. Darüber hinaus erhält der Beschäftigungstherapeut mit Hilfe dieses Verfahrens Hinweise darauf, was dem Bewohner Spaß macht, mit welchen Materialien er gerne arbeitet und womit nicht, welches seine Interessen sind, wobei er unterstützt und gefördert und bei welchen Aufgaben seine Mitarbeit gewonnen werden kann. Die Ergebnisse bilden die Grundlage für die Behandlungsplanung im Bereich der Beschäftigungstherapie.

Erhebungsinstrumente in der Sport- und Bewegungstherapie

Der bewegungsfachliche Aufnahmebogen (s. Anhang 6) dient der Erfassung von Daten, die im bewegungstherapeutischen Bereich zur Therapiezielerstellung für neu aufgenommene Bewohner relevant sind. Zusammen mit anderen Daten und Beobachtungen trägt er im Rahmen der Teamarbeit zur Erstellung eines möglichst kompletten und ganzheitlichen Bildes des neuen Bewohners bei. Die Daten werden vom Sport- oder Bewegungstherapeuten innerhalb der ersten zwei Wochen nach der Aufnahme des neuen Bewohners erhoben. Die Ergebnisse werden im Team vorgestellt. Neben den persönlichen Daten des Bewohners werden Größe, Körpergewicht, Body-Mass-Index (BMI), Blutdruck, Puls in Ruhe und in Belastung erfasst. Anhand von standardisierten Bewegungsabläufen und Trainingsprogrammen werden die Bewegungs- und Belastungsmöglichkeiten des Einzelnen überprüft.

Grob- und feinmotorische Fähigkeiten, Koordination, Ausdauer, Geschicklichkeit, Gleichgewicht, Körpergefühl und Alltagsbewegungen (etwa Schuhe zubinden) werden erfasst. Im Gespräch werden frühere Bewegungserfahrungen, Freizeitverhalten und Hobbys erfragt.

Erhebungsinstrumente für kognitives Training

Für den Bereich der kognitiven Rehabilitation werden zum Beginn der Behandlung neben eventuell eingesetzten neuropsychologischen Testverfahren vor allem eigene Instrumente zur Erfassung alltagsrelevanter kognitiver Fähigkeiten eingesetzt. Untersucht werden Basisfertigkeiten wie Lesen, Schreiben, Rechnen, Wortschatz, die verschiedenen Gedächtnisfunktionen (Kurzzeit-, Langzeitgedächtnis, visuelles, räumliches, semantisches Gedächtnis etc.), Wahrnehmung und Orientierung, Aufmerksamkeit, Aufgabenverständnis, Flexibilität, Planungs- und Problemlöseverhalten und weitere kognitive Funktionen. Die Erkenntnisse sind einerseits Grundlage für die Planung des neuropsychologischen Trainings im engeren Sinne. Andererseits sind die Informationen über individuelle kognitive Beeinträchtigungen oder Stärken auch für alle anderen therapeutischen Bereiche von Bedeutung.

Diagnostik als Instrument der Therapie-Evaluation

Bei der Untersuchung der Wirksamkeit eines Programms, eines neuen therapeutischen Verfahrens, einer neuen Intervention oder eines Trainings ist man auf diagnostische Verfahren angewiesen, die das Verhalten, die Fähigkeit oder Kompetenz, die trainiert oder gefördert werden soll, erfassen, messen und Aussagen über stattgefundene Veränderungen machen können. Da in unseren Einrichtungen regelmäßig Studien zur Wirksamkeit therapeutischer Interventionen oder neuer Behandlungselemente durchgeführt werden (s. Themenbezogene Veröffentlichungen aus den Soziotherapeutischen Einrichtungen im Anschluss an das Literaturverzeichnis), kommen hier diagnostische Verfahren in breitem Umfang zur Anwendung.

3.3 Betreuungsziele und Therapieplanung

Ziele müssen klar definiert werden, um eindeutige Prioritäten zu setzen und klare Orientierungen anbieten zu können. Das Überleben unserer Bewohner ist in Anlehnung an die von Schwoon (1992) und an anderer Stelle in modifizierter Form von Körkel (1995) vorgeschlagene Zielhierarchie (s. Abb. 2) primäres Behandlungsziel für die Bewohner unserer Einrichtungen. Weiterreichende Behandlungsziele sind die Sicherung eines möglichst gesunden Überlebens und die Verhinderung von (weiteren) schweren Folgeschäden, die Verhinderung (weiterer) sozialer Desintegration, die Ermöglichung längerer Abstinenzphasen und suchtmittelfreier Perioden, die Akzeptanz der Abstinenz als der gesündesten Lebensform und schließlich die möglichst autonome und zufriedene abstinente Lebensgestaltung und -bewältigung.

Abbildung 2: Zielhierarchie

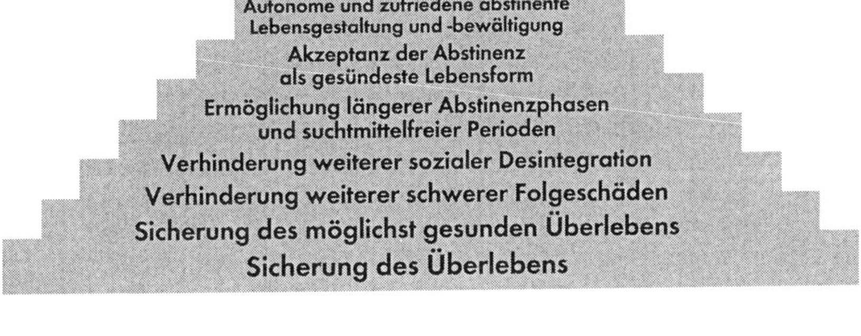

Autonome und zufriedene abstinente
Lebensgestaltung und -bewältigung
Akzeptanz der Abstinenz
als gesündeste Lebensform
Ermöglichung längerer Abstinenzphasen
und suchtmittelfreier Perioden
Verhinderung weiterer sozialer Desintegration
Verhinderung weiterer schwerer Folgeschäden
Sicherung des möglichst gesunden Überlebens
Sicherung des Überlebens

Grundlage und Ausgangspunkt für eine erfolgreiche Behandlung ist eine gute Behandlungsplanung mit präzise definierten, überschaubaren, erreichbaren und überprüfbaren Behandlungszielen. In diesem Prozess sollte auf therapeutendominierte „Zielbestimmungen zugunsten von kundenorientierten Aufträgen" und zugunsten einer ernstgemeinten „größeren Wahlfreiheit" des Bewohners (Schiepek, 1998) verzichtet werden. Deshalb spielt der Betroffene bei der Klärung und Vereinbarung von Zielen und Teilzielen die Hauptrolle. Er hat die „Autorität über die anzustrebenden Lösungen" (Schmidt, 1989), es handelt sich schließlich um seine Ziele, um seine Zukunft und sein Leben. Im übrigen weisen Körkel und Schindler (1999) auf die größere Verhaltenswirksamkeit selbstbestimmter Ziele gegenüber fremdbestimmten Zielen hin.

Der „Verhandlungspartner" des Klienten beim Aushandeln der Behandlungsziele ist sein Betreuer, der seine berufliche Kompetenz, seine Erfahrung und die seiner Kollegen, sein Wissen um die therapeutischen, konzeptionellen und personellen Möglichkeiten der Einrichtung, Erkenntnisse aus der Anamneseerhebung und Ergebnisse der Diagnostik mit in die „Verhandlung" und Planung einbringt. Bei unseren Bewohnern besteht die therapeutische Unterstützung vor allem darin, ihnen bei der Formulierung realistischer und erreichbarer Ziele zu helfen.

Die Bandbreite realistischer und erreichbarer Ziele ist dabei sehr groß. Mögliche Zielformulierungen könnten lauten: „Herr C. findet alleine sein Zimmer", „Herr J. benutzt sein Gebiss und reinigt es selbst", „Frau K. möchte alleine zum Supermarkt gehen können" oder „Herr H. möchte in einem halben Jahr in eine eigene Wohnung ziehen und als Pförtner, Bote, Nachtwächter o.ä. arbeiten", „Frau H. möchte den Kontakt zu ihren Töchtern wieder aufnehmen". Es sei an dieser Stelle nochmals ausdrücklich darauf hingewiesen, dass gerade bei hirnorganisch und kognitiv stärker beeinträchtigten Klienten klare Therapiezielvereinbarungen nicht nur möglich, sondern ganz besonders notwendig und wichtig sind. Gerade für unsere Bewohner ist die Festlegung von erreichbaren Zielen und Teilzielen und deren Überprüfbarkeit ein wesentlicher therapeutischer Wirkfaktor, auch wenn in unserer täglichen Arbeit meist die Erreichung kleinerer, konkreter Ziele mit erlebbaren Veränderungen im Vordergrund steht.

Auch bei der Zielabklärung ist ein systematisches Vorgehen im Sinne des Ziel-Abklärungs-Prozesses (ZAP), wie er von Körkel und Schindler (1999) vorgeschlagen wird, hilfreich (s. Anhang 7).

Der Bezugstherapeut legt gemeinsam mit denjenigen Kollegen, die ebenfalls mit dem Bewohner arbeiten (Arbeitstherapie, Beschäftigungstherapie, Sport, Hauswirtschaft etc.) und dem beratenden Mitarbeiterteam die geeigneten therapeutischen Methoden und Interventionen zur Erreichung der vereinbarten Ziele fest. Er koordiniert die Behandlungsplanung, klärt, wer welches Förderangebot macht und sorgt dafür, dass der Bewohner die für ihn notwendigen Hilfen erhält.

Die Planung und Durchführung der Maßnahmen muss den Bedürfnissen und den Möglichkeiten des Bewohners entsprechen. Überforderung und Unterforderung sollten vermieden werden. Deshalb können Ziele im Laufe der Therapie verändert, erweitert oder zurückgenommen werden. Behandlungsplanung ist ein fortlaufender, adaptiver Prozess. In regelmäßigen Abständen wird in Gesprächen mit dem Bewohner und im Rahmen von interdisziplinären Fallbesprechungen die Planung überprüft und gegebenenfalls angepasst.

In die Behandlungsplanung muss auch die mittel- bis langfristig angestrebte Lebens- und Wohnsituation mit einbezogen werden. Die Perspektiven und Gestaltungsmöglichkeiten sind dabei sehr unterschiedlich. Für einen Teil der Bewohner ist aufgrund ihrer Behinderungen oder Beeinträchtigungen der dauerhafte Verbleib in der Einrichtung die gesündeste und menschenwürdigste Form des Lebens. Ihnen soll ein sicheres und stabiles Gefühl von Heimat, Zugehörigkeit und Geborgenheit vermittelt werden. Auf dieser Basis können Zustandserhaltung, aber auch Verbesserung von Gesundheit, Kompetenz, Autonomie und Lebensqualität als Therapieziele angestrebt werden.

Andere Bewohner können während ihrer Behandlung auf alternative, beschützende und unterstützende Lebensformen (Altenheim, Wohnangebote für psychisch Kranke, Außenwohngruppe, Betreutes Wohnen, Wohngemeinschaft etc.) vorbereitet werden oder aber in der Einrichtung wohnen und externe Arbeitsangebote (Werkstatt für Behinderte o.ä.) annehmen.

Für einen anderen Teil der Bewohner ist auch eine Rückkehr zur Familie oder eine Entlassung in eine eigene Wohnung denkbar. Um diesen Bewohnern gute Startbedingungen zu ermöglichen, werden bei allen (Re-)integrationsplänen die entsprechenden Institutionen, Beratungsstellen, ambulanten sozialen Dienste, Selbsthilfegruppen und andere Hilfsinstanzen zum frühestmöglichen Zeitpunkt in die Behandlungsplanung einbezogen. Die gute regionale Einbindung unserer Häuser und die Kooperation mit anderen Trägern und sozialen Diensten schaffen günstige Reintegrationsbedingungen für unsere Bewohner.

3.4 Medizinische und pflegerische Versorgung

Wir kümmern uns um den ganzen Menschen. Die Bewohner werden ihren vielfältigen körperlichen und psychischen Schädigungen entsprechend umfassend und ganzheitlich behandelt. Medizinische und pflegerische Betreuung, Versorgung und Unterstützung sind in die soziotherapeutische Behandlung integriert. Angestrebte Ziele für unsere Bewohner aus medizinischer Sicht sind in erster Linie die Erhaltung oder Verbesserung des Gesundheitsstandes, die Entwicklung eines Gesundheitsbewusstseins und Achtsamkeit dem eigenen Körper gegenüber sowie ein größtmögliches Maß an Eigenverantwortung für die eigene Gesundheit.

Bedingungen und Rahmen

Die Bewohner können in der Einrichtung die regelmäßigen Sprechstunden der Konsiliarärzte (in der Regel ein Allgemeinmediziner oder Internist und ein Facharzt für Neurologie und Psychiatrie) besuchen. Diese Ärzte stehen auch für Krisenfälle bereit und gewährleisten durch regelmäßige Besprechungen mit den verantwortlichen Mitarbeitern und den Teams eine kontinuierliche medizinische Versorgung.

Krankenschwestern und -pfleger führen gemeinsam mit den Konsiliarärzten Sprechstunden durch. Sie arbeiten eng mit anderen Fachärzten sowie Krankenhäusern zusammen und können so den Informationsaustausch und die optimale Abstimmung aller medizinischen mit den übrigen therapeutischen Maßnahmen sicherstellen. In der Pflegedokumentation werden die laufende medizinische Versorgung und die pflegerischen Maßnahmen festgehalten.

Informationsfluss und Kontinuität der Arbeit werden durch regelmäßige Übergabebesprechungen und Übergabedokumentationen zwischen den Mitarbeitern der Nachtwache und denen des Tagesdienstes gewährleistet.

Medizinische und pflegerische Versorgung in der Soziotherapie

Soweit die Bewohner sie benötigen, erhalten sie Anleitung und Unterstützung beim Waschen und Baden, An- und Auskleiden, Körper-, Zahn-, Haar- und Nagelpflege. Sie werden bei Bedarf eingeführt in den Umgang mit medizinischen Hilfsmitteln wie Prothesen, Gehhilfen und Rollstuhl. Ihre Mobilität wird durch Übungen und Anreize zum Gehen und Laufen trainiert und erhalten.

Die Bewohner erhalten Informationen und Aufklärung über körperliche Folgeerkrankungen des Alkoholmissbrauchs und Möglichkeiten des Umgangs mit den erworbenen Beeinträchtigungen. Ihr Gesundheitsbewusstsein wird durch Unterstützung vorbeugender Maßnahmen wie Bewegung, gesundheitsbewusster Ernährung, Umstellung von Essgewohnheiten und Reduktion von Nikotinkonsum gefördert. Bei Bedarf werden auch Maßnahmen zur Abstinenzkontrolle und -sicherung durchgeführt.

Die Bewohner werden bei notwendigen medizinischen Untersuchungen und Behandlungen von Mitarbeitern des Pflegepersonals beraten und bei Bedarf auch begleitet. Sie erhalten Hilfe bei der Koordination von Terminen und Absprachen mit Fachärzten, Krankenhäusern und anderen medizinischen Diensten. Sie werden unterstützt bei der Veranlassung und Abstimmung von notwendigen Terminen zur zahnärztlichen Behandlung sowie zur Massage, Krankengymnastik, Sprachtherapie etc.

Zur allgemeinen medizinischen und pflegerischen Versorgung gehören ebenfalls die Verwaltung und Umsetzung der umfangreichen Medikamentenverordnungen sowie die Sicherstellung der Medikamenteneinnahme, die Durchführung der zahlreichen Verordnungen, die Versorgung mit Heil- und Hilfsmitteln, diagnostische Maßnahmen wie Gewichtskontrolle, Kontrolle des Blutdrucks und des Blutzuckers etc. sowie die Veranlassung individueller diätetischer Maßnahmen und Sonderkost entsprechend ärztlicher Anordnungen. Durch die Anwesenheit von geschulten Mitarbeitern rund um die Uhr ist erste Hilfe und Krisenintervention bei Anfällen, Dekompensationen, Unfällen, Herz- und Kreislaufproblemen u.ä. gewährleistet.

Krankenschwestern und -pfleger begegnen den Bewohnern nicht nur während der Sprechstunde oder der Medikamentenausgabe, sondern in vielfältigen anderen Situationen wie Gruppenstunden, Kaffeetrinken, Ausflügen oder bei Gesprächen auf dem Flur. Sie sind in die soziotherapeutische Betreuung eingebunden und arbeiten in den Teams und in der Betreuung auch als Cotherapeuten mit. Im Sinne einer ganzheitlichen Versorgung und Unterstützung schaffen sie damit bei den Bewohnern Bereitschaft, Vertrauen und Motivation für die Inanspruchnahme medizinischer Behandlung und pflegerischer Maßnahmen.

Diese Einbindung ermöglicht es auch, Bewohnern, die schwer erkranken und sterben, eine angemessene Begleitung in dieser Phase ihres Lebens geben zu können. Die gewachsenen Beziehungen, die vertraute Umgebung und die professionelle Unterstützung sind gute Hilfen auf ihrem letzten Weg. Sterbebegleitung ist ein individueller und sehr persönlicher Prozess, der von Bewohnern und Mitarbeitern viel abverlangt.

Die Bewohner bringen in den alltäglichen Kontakten dieses Thema oft selbst zur Sprache oder deuten es an. Die Mitarbeiter greifen dieses als Angebot auf und gehen darauf ein. Wenn es möglich ist, gestalten sie mit interner wie externer Unterstützung (Pfarrer, Hospizgruppe, Berater) gemeinsam mit dem Bewohner und eventuell seinen Angehörigen und gesetzlichem Betreuer eine ihm entsprechende Begleitung seines Sterbens und Abschieds.

3.5 Gruppenbetreuung

Vertrauen zu gewinnen braucht Zeit und Sicherheit. Unsere Bewohner weisen meist beträchtliche Störungen der sozialen Kommunikation und Interaktion auf. Ein Teil dieser Störungen kann möglicherweise bereits vor der Abhängigkeitsentwicklung vorhanden gewesen sein und diese mitbedingt haben. Viele Auffälligkeiten im Sozialverhalten sind vermutlich jedoch als Folge des Suchtmittelmissbrauchs zu sehen und zeigen sich in Rückzug, sozialer Isolation, Vereinsamung, Angst und Unsicherheit in sozialen Situationen, Konfliktvermeidung, Störungen des Selbstbildes, unangemessenem distanz- oder taktlosem Verhalten und vielem mehr. Eine feste und kontinuierliche therapeutische Gruppe mit einem Bezugstherapeuten bietet ein positives Erfahrungs- und korrigierendes Lernfeld zur Entwicklung (verlorengegangener) sozialer Kompetenzen, angemessener Selbstwahrnehmung und Selbstsicherheit.

Wirkfaktoren in der Gruppentherapie sind nach Yalom (1974):

- die offenen Rückmeldungen darüber, was das eigene Verhalten bei anderen bewirkt
- das offene Äußern und Erleben von Gefühlen in der Gruppe (Katharsis)
- das Gefühl der Zusammengehörigkeit in der Gruppe (Gruppenkohäsion)
- Einsicht in das eigene seelische Funktionieren
- Entwicklung von Techniken des mitmenschlichen Umgangs
- die Erfahrung, für das eigene Leben letztlich selbst verantwortlich zu sein
- die Erkenntnis, mit seinem Leiden nicht alleine dazustehen, sondern es mit anderen zu teilen (Universalität des Leidens)
- „Einflößen von Hoffnung" durch das Erleben, wie andere ihre Probleme lösen konnten oder mit ihren Problemen besser zurechtkommen
- die Erfahrung zu machen, für andere wichtig zu sein, ihnen helfen zu können und Hilfe zu erhalten (Altruismus)
- „Die korrigierende Rekapitulation der primären Familiengruppe", durch das Wiedererleben ähnlicher Beziehungssituationen, wie sie in der Familie bestanden haben
- Ratschläge und Anleitung durch andere Gruppenmitglieder und Betreuer
- nachahmendes Verhalten (Imitation).

Aufgrund der vielfältigen Lernerfahrungen, die die Arbeit in Gruppen bietet, lautet ein Grundsatz der soziotherapeutischen Behandlung: Soviel Einzeltherapie wie nötig, soviel Gruppentherapie wie möglich.

Der Bewohner sollte grundsätzlich die Bereitschaft mitbringen, sich in seine Bezugsgruppe zu integrieren und an den Gruppenveranstaltungen teilzunehmen. Ist ihm dies etwa aus Angst oder sonstigen Gründen nicht möglich, kann er kürzer an der Gruppe teilnehmen oder vorübergehend von der Gruppenteilnahme freigestellt werden. Im Trainingsbereich (s. Kap. 4.3) ist die Teilnahme an Gruppenveranstaltungen nicht obligatorisch.

Ausgehend vom Störungsbild unserer Bewohner liegen die Ziele der Gruppentherapie in der Wiedererlangung von sozialen Fähigkeiten und Kompetenzen, in der Übernahme von Verantwortung für sich selbst und andere, in der Entwicklung von Respekt, Wertschätzung, Akzeptanz und Geborgenheit, im Erlernen einer realistischeren Selbst- und Fremdwahrnehmung sowie einer verbesserten Kritikfähigkeit. Auch kognitive Fähigkeiten wie Gedächtnisfunktionen, Planungs- und Problemlöseverhalten, Konzentration und Aufmerksamkeit werden durch die Gruppentherapie trainiert.

Auch wenn die genannten Zielbereiche explizit Gegenstand der Gruppentherapie sein können, werden sie meist durch die Interaktion in der Gruppentherapie indirekt angesprochen und eingeübt. Die Gruppe selbst dient meist als Forum zur Planung und Organisation, Strukturierung, Einübung, Reflexion und Nachbesprechung des Zusammenlebens und des Alltags im soziotherapeutischen Heim.

Themen und Inhalte der Gruppentherapie sind unter anderem:

- Tages- und Wochenplanung
- Organisatorische Absprachen
- Das Einüben von Tagesstruktur, Unterstützung bei der Eigenstrukturierung, Freizeitplanung und Gestaltung von Festen, Geburtstagsfeiern, Ausflügen etc.
- Organisation und Üben von Fertigkeiten im Haushalt, Zimmer- und Hausputz, Wäschepflege etc.
- Abbau von ausgrenzendem Verhalten (Unsauberkeit, schlechte Tischmanieren etc.)
- Lebenspraktisches Training (z.B. Hygiene, Einkäufe, Benutzung von Verkehrsmitteln, Telefonieren etc.)
- Schaffung eines Gruppengefühls und einer Atmosphäre von Geborgenheit, Wärme und Wertschätzung
- Entwicklung von Heimatgefühl
- Beziehungsklärung
- Wahrnehmung und Ausdruck von Bedürfnissen und Gefühlen
- Erlernen von positivem Erleben und Handeln
- Abbau von Unsicherheit und Angst
- Besprechen von Lebensthemen und Entwicklung von Lebensperspektiven
- Training von Konflikt- und Kritikfähigkeit
- Förderung der Frustrationstoleranz
- Toleranz- und Flexibilitätstraining
- Selbstbehauptungstraining
- Training von Gedächtnis-, Aufmerksamkeits- und Konzentrationsleistungen
- Orientierungstraining
- Wahrnehmungstraining
- Einüben von Planungskompetenzen
- Entwicklung eines Gesundheitsbewusstseins und von Verantwortung für den eigenen Körper
- Kognitive und emotionale Akzeptanz der Abhängigkeit
- Information zur Abhängigkeit
- Ablehnungstraining
- Aufarbeitung von Rückfällen
- Entwicklung zufriedener Abstinenz.

Die Behandlungselemente der Gruppenbetreuung sind methoden- und therapieschulenübergreifend. Das therapeutische Repertoire ist breit. Leitprinzip ist das handlungs- und lösungsorientierte therapeutische Vorgehen auf der Basis lerntheoretischer und systemischer Konzepte. Je nach Situation, Problemstellung, Zielsetzung und Möglichkeiten des Einzelnen und der Gruppe werden unterschiedliche therapeutische Methoden und Interventionen wie themen-zentriertes Arbeiten, Selbstbehauptungstraining, Selbsterfahrung, Rollenspiele, Rollentausch, Körper- und Bewegungsübungen, Arbeit mit kreativen Medien und Material, Fantasiereisen, Wahrnehmungsübungen etc. angewandt.

Gruppenbetreuung findet immer in der jeweiligen Bezugsgruppe (Gruppengröße max. zwölf Pers.) mit einem konstanten Bezugstherapeuten statt. Die wöchentliche Frequenz liegt im Durchschnitt bei drei Sitzungen von 45- bis maximal 90-minütiger Dauer. Die Einheiten sollten nicht ohne zwingenden Grund zu lang oder ohne Pausen gestaltet werden, um das Aufnahme- und Konzentrationsvermögen der Bewohner nicht zu überfordern. Die Sitzungen finden im Gemeinschaftsraum der jeweiligen Gruppe statt.

3.6 Therapeutische Einzelkontakte

Neben den gruppentherapeutischen Kontakten finden auch therapeutische Einzelkontakte statt. Therapeutische Einzelkontakte können aus verschiedenen Gründen angezeigt sein. Indikationen für Einzelkontakte sind u.a. in der Gruppe nicht bearbeitbare Konflikte oder Probleme, Gespräche über angst- oder schambesetzte Themen, Krisenintervention, Rückfallbearbeitung, Beruhigung eines Bewohners bei hochgradiger Erregung, Suizidgefährdung, Bearbeitung von Trauerreaktionen oder traumatischen Erlebnissen und vieles mehr. Darüber hinaus findet etwa im Hirnleistungstraining oder beim Erlernen alltagspraktischer Kompetenzen regelmäßig individuelle Einzelbetreuung statt.

Therapeutische Einzelkontakte sollen einen Raum schaffen, innerhalb dessen emotionale Nähe, vertrauensvolle Atmosphäre und Gespräche über Sorgen, Nöte, Freude, Ärger, Trauer und Scham möglich sind. Sie haben einen stützenden Charakter und können ängstliche und instabile Bewohner behutsam auf die unter Umständen als bedrohlich erlebte Gruppensituation vorbereiten.

Die therapeutischen Interventionen müssen nicht notwendigerweise den typischen Charakter einer klassischen psychotherapeutischen Einzeltherapie haben. Sie können manchmal wirksamer bei (nicht offiziell als Therapie deklarierten) Gesprächen, Spaziergängen, Besuchen, Einkaufsbummeln oder beim Kaffeetrinken sein. Therapeutische Maßnahmen zur Verbesserung lebenspraktischer Kompetenzen sind teilweise nur in Einzelbetreuung durchzuführen (Orientierungs- und Wegetraining, Benutzung von Verkehrsmitteln, Hygienetraining etc.). Das Gleiche gilt für verhaltenstherapeutisches Expositionstraining oder andere Verfahren bei Phobien und Panikstörungen. Bestimmte Verfahren des Hirnleistungstrainings (beispielsweise am Computer) sind gleichfalls nur in Einzelbetreuung durchzuführen.

4 Betreuungsgruppen

Das Spektrum der Störungsbilder der in unseren Einrichtungen behandelten Bewohner ist in den letzten 20 Jahren breiter und vielfältiger geworden. Für diese Entwicklung sind mehrere Ursachen zu nennen:

Strukturwandel im Versorgungssystem

So sind etwa im Bereich der stationären Nachsorge Behandlungsangebote weggefallen oder so verändert worden, dass wir heute auch Personen betreucn, die früher in einer längerfristigen Adaptionsmaßnahme behandelt worden wären.

Veränderungen der Bewohner, vor allem derjenigen Bewohner, die dauerhaft in den Einrichtungen verbleiben

Bei dieser ohnehin schon am stärksten beeinträchtigten Personengruppe kommt es auf der Basis der Vorschädigungen durch den zusätzlichen Alterungsprozess zu weiteren Verschlechterungen des körperlichen Zustandes sowie des psychischen und kognitiven Leistungsvermögens. Viele Bewohner werden gebrechlich, verwirrt und in einem Ausmaß unselbständig, dass sie auf mehr und spezifischere therapeutische und pflegerische Unterstützung angewiesen sind.

Veränderung unserer Aufnahmekriterien

Heute werden auch Bewohner aufgenommen, deren Behandlung in unseren ursprünglichen Konzeptionen nicht vorgesehen war. Es zeigten sich im Laufe der Zeit eklatante Versorgungslücken für bestimmte Gruppen von Betroffenen wie für alte Suchtkranke, Abhängige mit Körperbehinderungen und Abhängige mit zusätzlichen psychiatrischen Diagnosen. Für diese Personengruppen konnten Betreuungsangebote geschaffen werden.

Weiterentwicklung des Fachwissens und der Fachkompetenz durch neue und verbesserte Behandlungsmethoden und Erweiterung soziotherapeutischer Möglichkeiten

Heute steht, anders als früher, aufgrund therapeutischer Weiterentwicklung ein breiteres Repertoire erprobter und wirksamer Interventionsmöglichkeiten und Therapieansätze zur Verfügung. Insofern können auch Personen behandelt werden, für die früher keine Betreuungskonzepte und kein spezifisches Know-how vorlagen.

Das Spektrum der heute im Rahmen unseres Versorgungsauftrages in unseren Einrichtungen behandelten Bewohner reicht von:

- körperlich, psychisch und sozial schwerstgestörten Abhängigen, die aufgrund ihrer körperlichen Gebrechen und/oder hoher psychiatrisch-neurologischer Komorbidität auf dauerhafte intensive stationäre Betreuung angewiesen sind bis hin zu

- Abhängigen mit geringer ausgeprägten körperlichen und psychischen Beeinträchtigungen, die noch über ausreichende und entwicklungsfähige körperliche, psychische und soziale Ressourcen und Kompetenzen verfügen. Bei diesen Bewohnern bestehen gute und realistische Chancen für eine soziale, teilweise sogar berufliche Reintegration und ein weitgehend selbstbestimmtes und eigenverantwortliches Leben innerhalb oder außerhalb des Heimes.

Die Bewohnergruppen zwischen diesen beiden Polen brauchen ihrem körperlichen und psychischen Zustand, ihren Möglichkeiten und Grenzen entsprechende unterschiedliche Hilfen, Fördermöglichkeiten und Betreuungsangebote. Diesen Notwendigkeiten haben wir in den letzten Jahren durch inhaltliche und strukturelle Änderungen, durch Verbesserung und Erweiterung der Betreuungsangebote sowie durch Spezialisierungen und Differenzierungen innerhalb der Einrichtungen Rechnung getragen. Darüber hinaus gibt es auch zwischen den Einrichtungen Differenzierungen mit unterschiedlichen Indikations- und Betreuungsschwerpunkten.

Zentrale Betreuungsgruppen, die Kern- und Herzstücke jeder soziotherapeutischen Einrichtung, sind die Heimgruppen. Innerhalb dieses therapeutischen Rahmens wird der größte Teil unserer Bewohner betreut. Daneben wurden in den letzten Jahren weitere Betreuungsgruppen für verschiedene Indikationsbereiche mit anderen Schwerpunkten und Zielsetzungen (Eingangsgruppe, Trainingsbereich, Wohn- oder Orientierungsgruppe, Doppeldiagnosegruppe, Seniorengruppe und Außenwohngruppe) geschaffen. Dadurch wurde eine stärkere Binnendifferenzierung mit auf spezifische Bewohnerbedürfnisse zugeschnittenen Angeboten erreicht. Jeder Bewohner erhält durch diese differenzierte Betreuung eine seinem Entwicklungsstand angepasste optimale Förderung, die bei Verbesserungen oder Verschlechterungen des Krankheitsbildes auch einen Gruppenwechsel innerhalb des Hauses vorsieht.

In den Einrichtungen, in denen als Bezugs- oder Stammgruppen weiterhin ausschließlich oder überwiegend Heimgruppen bestehen, erhalten die Bewohner durch weitere indikative Gruppenangebote eine ihren Bedürfnissen und ihrem Leistungsniveau entsprechende zusätzliche Förderung.

Die folgenden Kapitel geben eine Übersicht über die verschiedenen Betreuungsgruppen mit ihren Indikationskriterien, Betreuungszielen und Betreuungsmethoden. In Kapitel 4.1 erfolgt zunächst eine umfassende Darstellung des Heimgruppenkonzepts als Basisbetreuung in den soziotherapeutischen Einrichtungen. Die grundlegenden Ziele, Methoden, Inhalte und Rahmenbedingungen der Betreuung in der Heimgruppe gelten ebenfalls, wenn auch mit anderen Schwerpunkten, für die anderen Betreuungsgruppen. In den Kapiteln 4.2 bis 4.7 werden die Besonderheiten und Unterschiede der übrigen Betreuungsgruppen dargestellt. Bei jeder Betreuungsgruppe erfolgt zunächst die Beschreibung des Indikationsspektrums für die Aufnahme in die beschriebene Gruppe. Danach folgt eine Übersicht über die spezifischen Betreuungsziele, Methoden und Rahmenbedingungen der jeweiligen Betreuungsgruppe.

4.1 Heimgruppe

In unseren Einrichtungen bleibt niemand alleine. In der Heimgruppe leben chronisch alkohol- und medikamentenabhängige Frauen und Männer. Sie sind gruppenfähig und haben innerhalb ihres sozialen Umfeldes gute Entwicklungschancen. Die Bewohner sind auf die Sicherheit durch Gruppe und Betreuer angewiesen und benötigen deren stabilisierende, stützende, fördernde, korrigierende und kontrollierende Funktion. Sie können in der Gruppe und durch die Gruppe Unterstützung erfahren und annehmen und im Rahmen ihrer Möglichkeiten zur Gestaltung des gemeinsamen Lebens beitragen. Sie sind jedoch mit den Anforderungen an Selbstverantwortung, Selbständigkeit und Belastbarkeit, wie sie in der Wohngruppe/ Orientierungsgruppe und deren Arbeits- und Beschäftigungsprogramm (Kap. 4.6) oder in der Außenwohngruppe (Kap. 4.7) gestellt werden, überfordert (Evertz, Höppner, Könenberg und Tichelbäcker, 1995).

Indikationsspektrum

Aufgenommen werden chronisch alkohol- und medikamentenabhängige Frauen und Männer, die aufgrund erheblicher körperlicher, psychischer und sozialer Beeinträchtigungen vorübergehend oder dauerhaft nicht in der Lage sind, selbständig, eigenverantwortlich und abstinent ihr Leben zu bewältigen und zu organisieren, da ihre Fähigkeit zur Selbstregulation und Selbststeuerung, zur Selbstbeobachtung und Selbsteinschätzung beeinträchtigt ist und Selbstvertrauen, Lebensmut, Wert- und Zielorientierung, Konfliktfähigkeit, Frustrationstoleranz und Alltagskompetenzen verlorengegangen sind.

Medizinische Diagnosen
* Langjähriger chronischer Alkohol- und Medikamentenmissbrauch
* Alkoholbedingte Organschädigungen (Leber, Gastrointestinaltrakt, Pankreas, Herz-Kreislauferkrankungen etc.)
* Alkoholbedingte körperliche und psychiatrisch-neurologische Folgeerkrankungen
* Alkoholbedingtes amnestisches Syndrom
* Alkoholische Polyneuropathie
* Minderbegabung
* Phobien
* Depressive Störungen
* Akute Psychosen

Psychische Befunde
Es zeigen sich depressive Störungen, Angsterkrankungen, Persönlichkeitsstörungen, alkoholbedingte Persönlichkeits- und Wesensänderungen.

Kognitives Leistungsvermögen

Es bestehen deutliche kognitive Störungen aufgrund hirnorganischer Veränderungen (Gedächtnisstörungen, Desorientiertheit, u.U. Beeinträchtigung der Intelligenz, der Handlungsplanung, -steuerung und -kontrolle, der Aufmerksamkeit und Konzentration etc.).

Soziale Situation und soziale Kompetenzen

Der Bewohner leidet unter sozialer Desintegration und Isolation, ist meist ohne familiäre Bindungen und Unterstützung, häufig wohnungslos und entwurzelt. Ihm fehlt oft die „Übung" im Umgang mit anderen Menschen.

Lebenspraktische Kompetenzen

Es zeigen sich Schwierigkeiten in der Alltagsbewältigung und Anzeichen von Selbstvernachlässigung.

Kontraindikationen

- Dauerhafte Missachtung des Abstinenzgebotes in der Einrichtung, erklärter Wille, weiter nicht auf Suchtmittel verzichten zu wollen
- Persönlichkeitsstörungen oder Störungen der Impulskontrolle, die ein Zusammenleben mit anderen im vorgegebenen Rahmen verhindern (Gewalttätigkeit, Pyromanie etc.)
- Selbst- oder Fremdgefährdung, akute Suizidalität
- Pflegebedürftigkeit, die die ständige Anwesenheit von Pflegepersonal erfordert
- Akute Psychose.

Ziele

Da Klienten- und Therapeutenziele nicht notwendigerweise übereinstimmen (Körkel, 1999), bedarf es einer individuellen Zielabklärung mit jedem einzelnen Bewohner. Auf den Prozess der Betreuungsplanung und Zielvereinbarung wurde bereits in Kapitel 3.3 ausführlicher eingegangen. Es sei hier nochmals darauf hingewiesen, dass der Bewohner im Rahmen seiner intellektuellen und kognitiven Möglichkeiten weitestgehend und aktiv an der Zielformulierung beteiligt ist.

Die in den folgenden Kapiteln formulierten Therapieziele sind zunächst einmal Zielvorschläge oder Zielangebote der Betreuer, die ebenso wie die Betreuungsangebote der Annahme durch den Bewohner bedürfen. Seitens der Therapeuten sollte nicht von vorneherein davon ausgegangen werden, dass alle Zielangebote passen und von unseren Bewohnern angenommen werden.

Die in diesem Kapitel für die Heimgruppe formulierten allgemeinen Therapieziele gelten grundsätzlich auch für die anderen Betreuungsgruppen. Die für diese Gruppen abweichenden besonderen und spezifischen Ziele werden in den jeweiligen Kapiteln dargestellt. Alle Therapieziele müssen für jeden einzelnen Klienten präzisiert, konkretisiert und operationalisiert werden.

Erstes Ziel der Betreuung unserer Bewohner ist immer die Sicherung ihres möglichst gesunden Überlebens und die Symptom-Minimierung. Der nächste Schritt in der Betreuung ist die Unterstützung des Bewohners bei der Integration in seine Stammgruppe und in die Hausgemeinschaft. Erst mit der Sicherheit in der Gruppe und ihrer Unterstützung kann er neue Erfahrungen machen, eigene Fähigkeiten entdecken oder wiederentdecken, weiterentwickeln und neue, alternative Verhaltensweisen ausprobieren. Allgemeine Betreuungsziele sind die Verbesserung der körperlichen Befindlichkeit und die Verbesserung der Fähigkeiten und Kompetenzen auf motorischer, psychischer, sozialer, kognitiver und lebenspraktischer Ebene. Der Bewohner soll dabei unterstützt werden, das für ihn höchstmögliche Maß an Selbständigkeit und Autonomie zu erreichen.

Betreuungsziele auf medizinisch-körperlicher Ebene sind die somatische Stabilisierung des Bewohners und die Verhinderung weiterer körperlicher Schädigungen. Dies wird durch medizinische Behandlung und pflegerische Betreuung, notwendige medikamentöse Behandlung, regelmäßige und ausgewogene Ernährung und vor allem durch die Sicherstellung der Abstinenz und eines suchtmittelfreien Umfeldes gewährleistet. Weitere Ziele sind der verantwortliche Umgang mit dem eigenen Körper und seinen Bedürfnissen sowie die Entwicklung eines Gesundheits- und Hygienebewusstseins. Dazu gehören das Wissen um Verhaltensweisen, die gesundheitsfördernd (gesunde Ernährung, angemessene Bewegung, ausreichender Schlaf etc.) und gesundheitsschädigend (Alkohol, Rauchen, mangelnde Hygiene, Bewegungsmangel etc.) sind sowie der Erwerb (oder Wiedererwerb) von Kompetenzen der Körperpflege (Waschen, Duschen, Zahnpflege, Haarpflege, Nägelschneiden etc.).

Neben der Wiederherstellung und Verbesserung der altersangemessenen körperlichen Leistungsfähigkeit im motorisch-funktionellen Bereich wird auch eine Verbesserung der Körperwahrnehmung und Körpererfahrung des Bewohners angestrebt, um damit eine Grundlage für eine überdauernde Motivation zu gesunder körperlicher Aktivität zu schaffen.

Ein weiteres Ziel ist das Erlernen von Entspannungsmöglichkeiten. Einzelne Bewohner können Selbsthilfekompetenzen im Umgang mit ihren Erkrankungen durch Diabetikerschulung, Gehtraining o.ä. entwickeln.

Betreuungsziele auf psychischer Ebene sind in erster Linie Zufriedenheit, Lebenslust und Lebensfreude. Auf der Basis von in der Gruppe erlebter Wertschätzung, Solidarität, Unterstützung, Geborgenheit und Sicherheit kann in der Auseinandersetzung und Interaktion mit anderen Selbsterleben, Selbstempathie und die Wahrnehmung, das Zulassen, Differenzieren und Äußern der eigenen Gefühle und Bedürfnisse gefördert werden. Es können neue Erfahrungen gemacht und neue Verhaltensweisen ausprobiert werden. Erst durch das Erleben eigener Möglichkeiten und Grenzen, eigener Ressourcen, Potenziale und Defizite, durch realistische Planung und Durchführung konkreter Entwicklungsschritte sind Veränderungen möglich. Durch real erlebte Bewältigungserfahrung wird die Entwicklung von

Selbstwirksamkeitserwartung, Selbstwertgefühl und Selbstbewusstsein möglich und der eigene Handlungsspielraum erweitert. Damit wachsen Zuversicht und Gelassenheit gegenüber früher Angst auslösenden Situationen, Problemen und Stimmungen. In der Auseinandersetzung mit anderen können Konfliktfähigkeit, Frustrationstoleranz und die Fähigkeit zur Konfliktbewältigung entwickelt werden.

Ziel ist auch die Klärung der Motive für den Suchtmittelmissbrauch, der auslösenden und stabilisierenden Bedingungen für die Abhängigkeit. Erst dann sind Entscheidungen für andere, abstinente, gesündere und wirksamere Verhaltensalternativen, neue Perspektiven und Lebensentwürfe möglich.

Zentrale weitere Ziele sind bessere Lebensqualität und Genussfähigkeit sowie ein höchstmögliches Maß an Autonomie, Selbstverantwortung und Unabhängigkeit (auch von Suchtmitteln).

Gegebenenfalls in einzeltherapeutischen Kontakten oder aber in speziellen indikativen Gruppen werden Bewältigungsstrategien für Bewohner mit Angst und depressiven Störungen vermittelt.

Betreuungsziele auf sozialer Ebene sind die Aufnahme und Gestaltung sozialer Beziehungen, die Integration in die Gemeinschaft und die Entwicklung von Beziehungs- und Kontaktfähigkeit. Innerhalb des Lernfeldes der Gruppe kann durch reale Problemerfahrungen der Umgang mit Kritik und Misserfolg und die Fähigkeit, Forderungen stellen und ablehnen zu können, erlernt werden. Psychosoziale Kompetenzen wie Selbstsicherheit, Selbstbehauptung, adäquates Konfliktverhalten und angemessenes Kontakt- und Kommunikationsverhalten sind weitere angestrebte Ziele. Da, wo es möglich und gewünscht ist, wird eine (Re)integration in die Herkunftsfamilie unterstützt.

Betreuungsziele auf kognitiver Ebene sind die Verbesserung kognitiver Fähigkeiten wie Gedächtnisfunktionen, Orientierung, Konzentration, Aufmerksamkeit, Handlungsplanung etc., bei schwerer beeinträchtigten Bewohnern die Handhabung und Nutzung externer Gedächtnis- und Orientierungshilfen wie Plänen, Kalendern, speziellen Signalarmbanduhren oder transportablen elektronischen Organizern (Kissel und Simonis-Gaillard, 2000).

Betreuungsziele auf lebenspraktischer Ebene sind die möglichst autonome und selbständige Bewältigung von Anforderungen des alltäglichen Lebens und die Unabhängigkeit von Pflege und Betreuung. Zu den angestrebten Betreuungszielen gehören selbständige und eigenverantwortlich durchgeführte Körperhygiene, selbständiges An- und Auskleiden, Pflege des Wohnbereiches, der Wäsche und der Kleidung, selbständiges Essen und Trinken und gegebenenfalls Zubereitung des Essens, selbständiger, verantwortungsbewusster Umgang mit Geld, Erledigung von Einkäufen, Besorgungen, Behördengänge, Orientierung im Haus und außerhalb des Hauses, Nutzung öffentlicher Verkehrsmittel, Benutzung des Telefons und vieles mehr. Zu den wesentlichen Alltagskompetenzen gehören auch Freizeitplanung und Freizeitgestaltung.

Abstinenzfördernde Betreuungsziele sind die Stabilisierung des Abstinenzwunsches und der Abstinenzzuversicht, die Bewältigung alltäglicher Belastungssituationen und ein zufriedenes Leben ohne Suchtmittel. Voraussetzung dafür ist die

Verbesserung der Steuerungsfähigkeit des Bewohners und das Erkennen kritischer Rückfallsituationen. Der Bewohner sollte in kritischen Situationen über ein breites Repertoire an Verhaltensmöglichkeiten verfügen können, um mit geeigneten alternativen Verhaltensweisen Rückfälle zu verhindern oder nach Rückfälligkeit deren Auswirkungen so gering wie möglich zu halten. Eine Voraussetzung dafür ist ein guter Informationsstand über die eigene Abhängigkeit.

Methoden

Die Sicherung des möglichst gesunden Überlebens und die Verhinderung weiterer schwerer körperlicher Folgeschäden bei unseren Klienten erfolgt durch geeignete medizinische und pflegerische Betreuung, regelmäßige und ausgewogene Ernährung und durch Gewährleistung eines suchtmittelfreien Umfeldes, in dem jeder Bewohner Sicherheit, stabilisierende Strukturen, Orientierung und Unterstützung findet. Hilfreich und fördernd sind hierbei eine menschliche und herzliche Atmosphäre von Geborgenheit, Akzeptanz und Wertschätzung sowie eine handlungsorientierte soziotherapeutische Arbeitsweise, die notwendige soziale und lebenspraktische Kompetenzen vermittelt.

Eine der wesentlichen Grundlagen unserer Betreuungsarbeit ist deshalb die Beziehung und das Vertrauen des Bewohners zu seinem Gruppenbetreuer. Dessen Hauptaufgabe besteht darin, günstige Bedingungen für die Änderung des Bewohners zu schaffen, ihm dabei zu helfen, Gründe für eine Änderung zu finden und seine Motivation zu unterstützen, ihn bei der Realisierung und Umsetzung seines Vorhabens zu unterstützen und die Stabilisierung, Beibehaltung des in der Behandlung gelernten Verhaltens und die Generalisierung seiner neuen Fähigkeiten zu fördern (Kanfer, 1994).

In einem individuellen, mit dem Bewohner gemeinsam abgestimmten Betreuungsplan (s. Anhang 8), der seinen Möglichkeiten und Bedürfnissen entspricht, seine Normen und Werte berücksichtigt und würdigt, aber auch seine Grenzen und Defizite nicht außer Acht lässt, werden die Betreuungsziele und Behandlungsschritte festgelegt. Nach der Konkretisierung der Betreuungsziele erfolgt in Abstimmung mit den Kollegen der anderen Fachdisziplinen die Planung und Festlegung der Behandlungsstrategie, der Methoden und Interventionen.

Der Bezugstherapeut ist für die Koordination der verschiedenen therapeutischen Interventionen und Maßnahmen zuständig. Er sorgt dafür, dass der Bewohner die Hilfen bekommt, die er braucht und dass alle am Therapieprozess beteiligten Mitarbeiter die für ihre Arbeit mit dem Bewohner bedeutsamen Informationen erhalten.

Behandlungsplanung ist ein ständiger adaptiver Prozess, Therapieziele, Behandlungsschritte und -methoden müssen während des Therapieverlaufs regelmäßig überprüft und gegebenenfalls dem Entwicklungsstand, den Möglichkeiten, dem Tempo und der Lernfähigkeit des Bewohners angepasst und korrigiert werden (Huf, 1992). Unrealistische und unerreichbare Betreuungsziele, daraus resultierende Misserfolgserlebnisse und dauernde Über- oder Unterforderung führen zu Demotivierung, Demoralisierung, Hoffnungslosigkeit, erhöhtem Rückfall- und Abbruchrisiko. In der Betreuung erhält der Bewohner die Form der Unterstützung, von der er am meisten profitiert. Dazu können pädagogische, psychoedukative, informierende, klärende und aufklärende, übende, aufdeckende, erlebnisaktivierende, Ich-stärkende, konfrontative und lösungsorientierte Interventionen auf den verschiedensten Ebenen (Gruppen- und Einzeltherapie, Arbeits- und Beschäftigungstherapie, Sport- und Bewegungstherapie, kognitives Training/Hirnleistungstraining, indikative Gruppen und Neigungsgruppen etc.) beitragen.

Die therapeutischen Interventionen im Betreuungsprozess sind methoden- und therapieschulenübergreifend, die Basis unseres Handelns ist die Soziotherapie. „Sie kann nicht als Technik neben anderen stehen, sondern sie macht die anderen Techniken erst möglich" (Dörner und Plog, 1978). Die anderen „Techniken" sind Verhaltens-, Gesprächs- und Gestalttherapie, systemisch-lösungsorientierte Therapie, Rollenspiel, Psychodrama etc.

Die Bewohner profitieren jedoch nicht nur von den Veranstaltungen, die auf ihren Therapieplänen stehen. Sie machen offensichtlich auch außerhalb der offiziellen Therapiezeiten Fortschritte, etwa abends oder am Wochenende. Das ist insofern beruhigend, zeigt es doch, dass Selbsthilfe- und Entwicklungspotenziale unter günstigen Bedingungen auch ohne persönliche Anwesenheit von Therapeuten wirksam werden.

Fördernd sind in jedem Fall und rund um die Uhr das soziotherapeutische Milieu (s. Kap. 3.1), das Klima und die Atmosphäre, die ein Lernfeld schaffen, innerhalb dessen Entwicklung und Veränderung erst möglich wird.

Soziale und lebenspraktische Kompetenzen beispielsweise entwickeln sich nicht nur in der Bezugsgruppe, bei der Arbeitstherapie oder beim Sport, sondern auch beim alltäglichen Zusammensein und Zusammenleben, beim Putzen, Aufräumen, beim Kaffeetrinken, Kartenspielen, Streiten und Vertragen, also in ganz alltäglichen und normalen Situationen.

In der Betreuung wird zunächst – soweit erforderlich – die Basisversorgung geregelt und entsprechende Hilfe und Unterstützung vereinbart. Damit sind die Bereiche Essen, Schlafen, Kleidung und Körperhygiene gemeint. Dazu kommen die für den täglichen Ablauf wichtigen lebenspraktischen Fertigkeiten wie Reinigung von Zimmer und Kleidung, Umgang mit Geld, Telefonieren, Einkaufen und vieles andere mehr. Außerdem wird die Einnahme der Medikamente kontrolliert und die notwendige pflegerische und medizinische Versorgung sichergestellt.

Die Bewohner arbeiten ihren Möglichkeiten entsprechend im Haus mit. Sie finden ihren Tätigkeitsbereich in Hauswirtschaft, Küche, Wäscherei, Garten, Schreinerei, Fahrrad- oder Metallwerkstatt, im Telefondienst, bei der Instandhaltung und Renovierung sowie der Grabpflege (der Gräber verstorbener Bewohner).

Beschäftigungs- und Arbeitstherapie vermitteln Freude am gemeinsamen Tun und am Ergebnis. Beides orientiert sich am Bedarf des Einzelnen und der Einrichtung, an Aufträgen oder Projekten. Das ganze Jahr über werden beispielsweise Produkte (Holzspielzeuge o.ä.) für Basare oder Märkte hergestellt. Beim Verkauf

sind die Bewohner regelmäßig anwesend. Sie erleben, dass die von ihnen herge-
stellten Dinge interessierte Käufer finden. Neben der persönlichen Bestätigung
führt dies auch zu Einnahmen für die Gruppenkassen, aus denen zusätzliche Freizeitaktivitäten, Ausflüge etc. finanziert werden.

In kleinen überschaubaren Bereichen – wie beim Führen der Gruppenkasse oder
dem Vorbereiten eines Ausflugs – übernehmen die Bewohner schrittweise mehr
Verantwortung für sich und andere.

Die Hausordnung und andere Regeln sind Grundlage für das Zusammenleben
und schützender Rahmen für jeden Bewohner. Zu diesem sicheren Rahmen gehören auch Alkohol- und Zimmerkontrollen.

Räumliche Rahmenbedingungen

Jede Gruppe verfügt über ein gemütlich eingerichtetes gemeinsames Wohnzim-
mer. Hier sollen sich die Gruppenmitglieder zuhause fühlen können. In diesem
Raum finden auch die Gruppentreffen statt.

Die Zimmer (Einzel- und Doppelzimmer) der Gruppenmitglieder liegen nach
Möglichkeit in einem gemeinsamen Flur oder auf einer Etage. Sie können von den
Bewohnern mit persönlichen Dingen ausgestaltet werden. Das Büro des Bezugs-
therapeuten ist ebenfalls in diesem Bereich angesiedelt.

Für Arbeits- und Beschäftigungstherapie, Sport, Bewegungstherapie und Ent-
spannung stehen geeignete Räumlichkeiten zur Verfügung.

Personelle Rahmenbedingungen

Neben den Gruppenbetreuern, meist Sozialpädagogen oder Sozialarbeiter, sind in
der Betreuung Arbeits- und Beschäftigungstherapeuten, Krankenschwestern und
Krankenpfleger, Sport- und Bewegungstherapeuten, Heilpädagogen, Erzieher und
Hauswirtschaftsmitarbeiter tätig.

4.2 Eingangsgruppe

Anfangs ist vieles noch offen, da Behandlungswege erst individuell abgestimmt
und zugeschnitten werden müssen. Die größeren soziotherapeutischen Heime arbeiten mit einer stärkeren Binnendifferenzierung und bieten verschiedene Gruppen
mit unterschiedlichen therapeutischen Schwerpunkten an. In einzelnen Einrichtungen existieren Eingangsgruppen, in die jeder neue Bewohner aufgenommen wird.
Dort können seine Fähigkeiten und Fertigkeiten, seine Stärken und Schwächen,
seine Kompetenzen und Defizite erkannt werden. Gleichzeitig wird eine Entschei-
dungsgrundlage für die Aufnahme in die für ihn passende und geeignete Gruppe

und die optimale Weiterbetreuung geschaffen. Die Übernahme in die zukünftige Bezugsgruppe erfolgt, wenn der entsprechende Entwicklungsstand erreicht ist.

Indikationsspektrum

Alle neuen Bewohner werden zunächst in die Eingangsgruppe aufgenommen.

Ziele

Hilfen bei der Integration

Der Aufenthalt in der Eingangsgruppe soll dem neuen Bewohner das Einleben in der neuen Umgebung erleichtern, ihm Zeit und Gelegenheit geben, Mitbewohner und Betreuer, Räumlichkeiten, Betreuungsangebot und Tagesstruktur der Einrichtung kennen zu lernen und sich mit den Hausregeln vertraut zu machen. Gleichzeitig kann er auf seine spätere Stamm- oder Bezugsgruppe vorbereitet werden. Er wird dabei intensiv von den Betreuern begleitet und unterstützt.

Diagnostische Abklärung

Die Mitarbeiter haben die Möglichkeit, den Bewohner während seines Aufenthaltes in der Eingangsgruppe gut kennen zu lernen und nach diagnostischer Abklärung die für ihn am besten geeignete Gruppenform zu finden.

Körperliche Situation

Durch den oder die Konsiliarärzte erfolgt eine Eingangsuntersuchung, ein Abgleich mit den ärztlichen Stellungnahmen der einweisenden Institutionen und die Festlegung der medizinischen Maßnahmen, der Medikation etc. Es erfolgt eine Abklärung, ob der Bewohner uneingeschränkt am Betreuungsprogramm teilnehmen kann oder ob körperliche Einschränkungen bestehen, die gegen eine Teilnahme an Sport, Arbeitstherapie oder anderen Behandlungsangeboten sprechen.

Psychische Situation

Es erfolgt eine Einschätzung der psychischen Befindlichkeit, des Selbstbildes, der Introspektionsfähigkeit, der Kontaktbereitschaft, der Motivation und der Erwartungen des Bewohners. Im Hinblick auf die zu treffende Festlegung auf ein bestimmtes Betreuungsangebot wird ebenfalls geklärt, ob eine Verhaltensauffälligkeit, Persönlichkeitsstörung, psychotische Störung oder andere psychiatrische Problematik vorliegt.

Soziale Situation

Bestehen noch Kontakte zu Familie und Freunden, werden diese, sofern der Klient dies wünscht, vertieft und Angehörige und Freunde eingeladen. Sind familiäre Verbindungen abgebrochen, wird mit dem Klienten geklärt, ob er eine Wiederaufnahme der Beziehungen wünscht. Falls dies der Fall ist, wird er dabei von den Mitarbeitern unterstützt. Ansonsten gibt die Wohn- und Lebenssituation der letzten Zeit (Isolation, Rückzug, Obdachlosigkeit, Psychiatrie etc.) Hinweise auf mögliche Problembereiche.

Sozialrechtliche Situation

Es wird abgeklärt, ob eine Betreuung besteht oder beantragt werden muss. Liegt eine Betreuung vor, ist zu klären, für welche Bereiche sie gilt und wie sich die Beziehung des Bewohners zum Betreuer gestaltet. Weiterhin ist zu klären, ob eine Rente bezogen wird oder ob ein Rentenantrag gestellt werden muss, ob Krankenversicherungsschutz besteht und ob Schulden da sind, ob Schuldenregulierungen oder eidesstattliche Versicherung eingeleitet oder strafrechtliche Verfahren zu erwarten sind.

Kognitive Fähigkeiten und lebenspraktische Fähigkeiten

Kognitive Fähigkeiten wie Gedächtnis, Orientierung, Aufmerksamkeit und Handlungsplanung sowie die Alltagsfähigkeiten und Alltagskompetenzen (Hygiene, Kleidung, Zimmer, Orientierung im Haus, Termineinhaltung, Umgang mit Geld etc.) des Bewohners werden erfasst.

Fähigkeiten und Interessen

Aus Verhaltensbeobachtungen im Gruppengeschehen, beim Sport und der Durchführung des Beschäftigungstherapie-Beurteilungsverfahrens werden Kompetenzen, Fähigkeiten und Interessen des Bewohners ermittelt. Diese Informationen geben Hinweise darauf, wie der Bewohner angesprochen und motiviert werden kann.

Erstellung eines Betreuungsplanes und Entscheidung für eine Betreuungsgruppe

Die gewonnenen Einschätzungen ergeben ein differenziertes Bild über die körperliche Befindlichkeit und Leistungsfähigkeit, über körperliche Behinderungen oder Beeinträchtigungen, über Persönlichkeit, Kontaktverhalten, Interessen und Stärken, Ziele, Werte und Erwartungen des Bewohners. Aufgrund dieser Informationen werden gemeinsam mit dem Bewohner die weiteren Entwicklungsmöglichkeiten und Perspektiven im Haus erarbeitet und die folgenden Behandlungsschritte festgelegt.

Kriterium für die Entscheidung über die weitere Behandlung ist immer, welches der Gruppenangebote am besten zu dem jeweiligen Bewohner mit seinen speziellen Eigenschaften und Möglichkeiten, in seiner aktuellen Situation und mit seinen Zielen und Erwartungen passt. Die Betreuung in der für ihn vorgesehenen Gruppe sollte ihm optimale Entwicklungsmöglichkeiten bieten, ihm Sicherheit und Schutz geben, ihn fordern ohne zu überfordern.

Der Betreuer der Eingangsgruppe (Sozialpädagoge/Sozialarbeiter mit klinischer Erfahrung) stellt für die weiterbetreuenden Kollegen eine ausführliche Dokumentation des bisherigen Verlaufs, einen ausführlichen Einschätzungsbogen und Vorschläge für die Weiterbehandlung zusammen.

Methoden

Das Betreuungsprogramm der Eingangsgruppe beinhaltet eine ausführliche Anamneseerhebung (Fragebogen zur Lebensgeschichte), die Durchführung psychologischer Testverfahren und des Beschäftigungstherapie-Beurteilungsverfahrens sowie regelmäßige Einzel- und Gruppengespräche.

Der Bewohner nimmt an arbeits- und beschäftigungstherapeutischen Angeboten, am Sport, an anderen gruppenübergreifenden Angeboten sowie an Freizeitaktivitäten (Ausflügen, Spaziergängen etc.) der Gruppe teil. Er wird bei der Integration in die Hausgemeinschaft unterstützt und mit Struktur, Tagesablauf, Hausregeln und Hausordnung vertraut gemacht.

Rahmenbedingungen

Die Bewohner leben in Einzel- oder Doppelzimmern innerhalb eines gemeinsamen Gruppenbereiches, der über einen Wohn- und Gruppenraum mit Kochgelegenheit verfügt. Das Betreuerbüro befindet sich im Wohnbereich der Gruppe.

4.3 Trainingsbereich

Ein wesentliches Ziel im Trainingsbereich ist es, unseren Bewohnern wieder Zutrauen in die eigenen Fähigkeiten zu vermitteln. Der Trainingsbereich bietet individuelle Förderung für chronisch mehrfach geschädigte Suchtkranke, die schwerwiegende körperliche Beeinträchtigungen oder Behinderungen sowie ausgeprägte Störungen psychischer, kognitiver und sozialer Art aufweisen und infolgedessen erhebliche Integrationsprobleme und Schwierigkeiten bei der Bewältigung des täglichen Heimlebens haben. Bewohner mit diesen Störungsbildern brauchen eine ihrer Krankheit angepasste individuelle Betreuung (Evertz, Höppner, Könenberg und Tichelbäcker, 1995). Erzieher, Heilpädagogen, Beschäftigungstherapeuten und Pflegepersonal bieten durch gute interdisziplinäre Kooperation optimale Förderbedingungen.

Primäres Ziel dieses langfristigen Betreuungsangebotes ist die Sicherung des möglichst gesunden Überlebens und der Grundbedürfnisse der Bewohner. Weitere Ziele sind die Zustandserhaltung und -verbesserung durch individuelle Förderung oder Begleitung sowie die Schaffung eines menschenwürdigen, wohnlichen und gemütlichen, den Behinderungen des Bewohners Rechnung tragenden Lebensumfeldes.

Dieses Betreuungsangebot richtet sich an diejenigen Bewohner, die erhebliche Schwierigkeiten bei der Integration in eine Gruppe haben, die eher individuelle Regeln benötigen und deren Entwicklung meist nur in sehr kleinen Schritten vorangeht.

Indikationsspektrum

Die im Trainingsbereich aufgenommenen chronischen Alkoholabhängigen weisen ein hohes Maß an Multimorbidität auf. Aufgrund ihrer vielfältigen und massiven Behinderungen und Beeinträchtigungen sind einige von ihnen auf dauernde medizinisch-pflegerische Hilfe und intensive individuelle Betreuung angewiesen. Viele der körperlichen Folgeerkrankungen sind nur teilweise reversibel. Bei dieser Bewohnergruppe sind Alkoholrezidive aufgrund des reduzierten Allgemeinzustandes oft lebensgefährdend. Deshalb kommt der Sicherung der Abstinenz eine besondere Bedeutung zu.

Medizinische Diagnosen

- Langjähriger chronischer Alkohol- und Medikamentenmissbrauch
- Alkoholbedingtes amnestisches Syndrom (Wernicke-Korsakow-Syndrom)
- Alkoholdemenz
- Alkoholtoxische Kleinhirnatrophie
- Alkoholische Polyneuropathie
- Epilepsie
- Schwerwiegende Organschädigungen (Leber, Gastrointestinaltrakt, Pankreas, Herz-Kreislauferkrankungen etc.)
- Schädel-Hirntraumen infolge von alkoholbedingten Unfällen
- Apoplex
- Schwerbehinderung/Körperbehinderung
- Minderbegabung
- Psychiatrische Komorbidität (Psychose, Depression, Persönlichkeitsstörung)
- Krebserkrankung (vor allem Mundhöhlen-, Kehlkopf-, Speiseröhren-, Magen-, Leber- und Bauchspeicheldrüsenkrebs).

Psychische Befunde

Neben erheblichen alkoholbedingten Persönlichkeits- und Wesensänderungen zeigen sich Affektlabilität, Störungen der Impulskontrolle, mangelnde oder reduzierte

Realitätsanpasssung, Störungen des Antriebs, der Spontaneität und der Initiative, Persönlichkeitsstörungen, Angststörungen, depressive Symptome, mangelnde Fähigkeit zur Problem- und Konfliktverarbeitung und reduzierte Frustrationstoleranz.

Kognitives Leistungsvermögen

Diese Bewohnergruppe leidet unter schweren und schwersten Ausprägungen des hirnorganischen Psychosyndroms, unter schwerwiegenden Gedächtnisstörungen, Verwirrtheit, Desorientierung, massiven Beeinträchtigungen des Denkvermögens, Intelligenzminderungen, Konzentrations- und Aufmerksamkeitsstörungen und Störungen der Handlungsplanung.

Soziale Situation und soziale Kompetenzen

Aufgrund zum Teil langjähriger sozialer Desintegration und Isolation, fehlender Kontaktbereitschaft und Kontaktfähigkeit fällt dieser Bewohnergruppe auch wegen ihrer oft unsicher-ängstlichen, feindseligen, misstrauischen, aggressiven „dissozialen und soziopathischen Verhaltensmuster" die Integration in die Hausgemeinschaft besonders schwer.

Lebenspraktische Kompetenzen

Aufgrund erheblicher motorischer, sensorischer und kognitiver Beeinträchtigungen ist eine selbständige Alltagsbewältigung nicht möglich. Der Bewohner braucht Unterstützung und Hilfen in praktisch allen Lebensbereichen. Mit der hygienischen Selbstversorgung ist der Bewohner überfordert, ohne Hilfe droht Verwahrlosung.

Kontraindikationen

- Dauerhafte Missachtung des Abstinenzgebotes in der Einrichtung, erklärter Wille, weiter nicht auf Suchtmittel verzichten zu wollen
- Persönlichkeitsstörungen oder Störungen der Impulskontrolle, die ein Zusammenleben mit anderen im vorgegebenen Rahmen verhindern (Gewalttätigkeit, Pyromanie etc.)
- Selbst- oder Fremdgefährdung, akute Suizidalität
- Pflegebedürftigkeit, die eine ständige Anwesenheit von Pflegepersonal erfordert oder über die Möglichkeiten einer häuslichen Krankenpflege hinausgehen.

Allgemeine Betreuungsziele

In der Trainingsgruppe stehen die Sicherstellung der körperlichen Gesundheit und die Erhaltung oder Verbesserung der motorischen, psychischen, sozialen, kognitiven und lebenspraktischen Fähigkeiten der Bewohner als Therapieziele im Vordergrund. Die übrigen allgemeinen Betreuungsziele entsprechen den bereits bei der Heimgruppe (Kap. 4.1) dargestellten Zielen.

Spezielle Betreuungsziele

Selbstverständlich erfolgt die Betreuungsplanung und Zielbestimmung auch in der Trainingsgruppe individuell und in Abhängigkeit von den Möglichkeiten des Bewohners. Ein Teil der Bewohner wird aufgrund der Schwere ihrer Erkrankungen und eingeschränkter Möglichkeiten dauerhaft auf diese Form der intensiven individuellen Betreuung angewiesen sein. Für einen anderen Teil der Bewohner ist eine Entwicklung mit dem Ziel der Verlegung in die Heimgruppe realistisch. Die erste Gruppe braucht langfristig eher *Begleitung, Versorgung* und *umfassende Hilfen*, die zweite Gruppe *Aktivierung* und *Förderung*.

Die Differenzierung ist oft erst im Verlauf der Betreuung möglich, da bei dieser schwerstbeeinträchtigten Bewohnergruppe langfristige Prognosen sehr schwer zu stellen sind. Zuweilen machen auch in desolatem körperlichen und psychischen Zustand aufgenommene Bewohner unter abstinenten und stützenden Bedingungen unerwartete, manchmal sogar erfreulich positive Entwicklungen.

Insofern ist auch hier die Therapiezielplanung eine adaptive; sie orientiert sich am Verlauf und der Entwicklung des Bewohners. Therapieziele müssen gegebenenfalls verändert und neue Betreuungsschwerpunkte gesetzt werden.

Ziele der Begleitung sind die Verbesserung der psychischen Befindlichkeit, der Gefühlswahrnehmung und des Umgangs mit Gefühlen durch individuelle Zuwendung in Einzelkontakten. Weitere Ziele sind die Unterstützung des Bewohners bei der Kontaktaufnahme zu Mitbewohnern und die Integration in die Gruppe und die Hausgemeinschaft. Die Erhaltung oder, wenn möglich, Verbesserung der Mobilität, der Ausbau grob- und feinmotorischer Fähigkeiten wird ebenfalls durch Einzelbetreuung unterstützt. Die Verbesserung kognitiver Funktionen wie Gedächtnis, räumliche und zeitliche Orientierung sind weitere Ziele im Trainingsbereich.

Ziele der Aktivierung sind neben den allgemeinen Zielen die Entwicklung einer Veränderungsmotivation und Förderung von Lernfähigkeit, der Ausbau individueller Fähigkeiten und Alltagskompetenzen, die Verstärkung selbständigen Verhaltens und Entwicklung einer Perspektive für den Bewohner, beispielsweise die Verlegung in die Heimgruppe.

Weiterhin wird, wenn möglich, die kognitive und emotionale Akzeptanz der Abhängigkeit, die Entwicklung eines Abstinenzwunsches und einer Abstinenzbereitschaft angestrebt. In einem Klima des Vertrauens, in dem sich der Einzelne angenommen fühlt, kann er eine Steigerung seiner Lebensqualität und seines Selbstwertgefühles erfahren (Evertz, Höppner, Könenberg und Tichelbäcker, 1995).

Die Teilnahme am Tagesgeschehen, Aktivität und Beschäftigung werden gefördert und der Bewohner im Rahmen seiner Möglichkeiten bei der Entwicklung und beim Ausbau sozialer Kompetenzen unterstützt.

Demjenigen Bewohner, bei dem keine oder nur geringe Entwicklung möglich oder sogar ein weiterer Verlust von sozialen Fähigkeiten und Alltagskompetenzen zu erwarten ist, soll ein Lebensumfeld geschaffen werden, innerhalb dessen er so angenommen wird, wie er ist und so integriert und zufrieden wie möglich leben kann. Er soll Schutz und Fürsorge erleben können und nicht mit Anforderungen konfrontiert werden, die er nicht erfüllen kann.

Methoden

Wesentliche Voraussetzungen für die Arbeit mit dieser Bewohnergruppe sind neben den vertrauten Personen feste Strukturen, klare, übersichtliche Tages- und Wochenpläne, feste Zeiten für Mahlzeiten, Gruppen und andere therapeutische Veranstaltungen, feste Anfangs- und Schlussrituale, gleichbleibende Orte, gleiche Sitzordnung und fester Platz (Veränderung bewirkt oft Verunsicherung) in der Gruppe.

Der in dieser Gruppe enge Betreuungsrahmen zwischen Bewohnern und Betreuern ist die wichtigste therapeutische Ressource und ermöglicht erst die besondere Qualität der Kontakte, die die Basis für alle weiteren förderpädagogischen Maßnahmen bildet. Durch die auf die jeweiligen Kompetenzen und Defizite des Bewohners abgestimmten Trainingseinheiten werden durch Einzelförderung Möglichkeiten geschaffen, alte, verlorengegangene Fähigkeiten zu reaktivieren und neue Fertigkeiten zu erwerben. Ausgehend von der Eingangsdiagnose wird ein individueller Betreuungsplan erstellt, der sich am Leistungsvermögen des Einzelnen orientiert und dessen Wünsche und Bedürfnisse einbezieht. Inhalte und Schwerpunkte der Trainingseinheiten orientieren sich am Lerntempo und an den Fortschritten des Bewohners. Durch Defizite bedingte Unzulänglichkeiten in der Bewältigung des Heimalltages werden so lange durch stützende und stabilisierende Maßnahmen der Mitarbeiter ausgeglichen, wie dies notwendig ist (Evertz, Höppner, Könenberg und Tichelbäcker, 1995).

Das therapeutische Vorgehen ist handlungsorientiert und benutzt beim Aufbau oder bei der Rekonstruktion von Alltagsfertigkeiten vorwiegend verhaltenstherapeutische Strategien. Das handlungsorientierte Vorgehen bündelt mehrere therapeutische Wirkfaktoren: Problemaktualisierung, aktive Hilfe bei der Problembewältigung, konsequente Ressourcenorientierung und -nutzung. In Anbetracht häufig jedoch nur knapper Ressourcen und begrenzter Lernfähigkeit gerade bei den Bewohnern der Trainingsgruppe sind bei jedem Einzelnen Prioritäten zu setzen. So kann es für den einen ein wichtiges (Teil-)ziel sein, innerhalb der Einrichtung sein Zimmer zu finden, für den anderen ist es wichtig, sich zeitlich innerhalb der Tagesstruktur zurechtzufinden, die Namen von Bezugspersonen, Mitbewohnern oder Betreuern zu lernen. Wieder andere brauchen Basisfertigkeiten im Bereich der Hygiene oder grundlegende soziale Kompetenzen. Für den einen ist es wichtig zu lernen, auf andere zuzugehen, ein anderer braucht eher die Fähigkeit, sich von anderen abgrenzen zu können. In jedem Fall ist die Frage zu stellen, welche Fähigkeit oder Kompetenz für die Lebensqualität des Bewohners am bedeutsamsten ist. Bei der Entwicklung dieser Kompetenzen wird er schwerpunktmäßig unterstützt.

Da bei vielen der Störungen unserer Bewohner davon auszugehen ist, dass sie sich trotz aller therapeutischen Bemühungen nicht verbessern oder sogar weiter verschlechtern, müssen wir, statt die Bewohner dem Heim anzupassen, das Heim dem Bewohner anpassen und auf seine Beeinträchtigungen einstellen. Dies geschieht etwa durch externe Gedächtnis- und Orientierungshilfen, farblich differenzierende Markierungen der Flure, Gruppen- und Funktionsräume, durch Bilder, Fotos oder Symbole an den Türen, die das Zurechtfinden erleichtern oder durch beschriftete und bebilderte Ablaufdiagramme für einfache alltägliche Handlungsabläufe. Sogenannte „Denkzettel", die den Bewohnern auf ihr Zimmer gebracht werden, haben den Charakter von persönlichen Einladungen und dienen als Erinnerungshilfen für bevorstehende Aktivitäten. Um die zeitliche Orientierungsfähigkeit zu fördern, werden große Uhren gut sichtbar in jedem Zimmer angebracht, Kalender mit Tageseinteilung über das Bett gehängt, persönliche Wochenpläne mit allen feststehenden Terminen und Uhrzeiten mit jedem Klienten erstellt und aufgehängt. Einige Bewohner können Armbanduhren mit Timerfunktionen oder vergleichbare externe Erinnerungshilfen wie tragbare elektronische Organizer (Kissel und Simonis-Gaillard, 2000) benutzen.

Die Bewohner verbringen viele Stunden des Tages in ihrem eigenen Zimmer oder im Gruppenraum und verlassen nur selten das Haus. So kommt der Gestaltung des persönlichen Lebensraumes eine besondere Bedeutung zu. Durch individuelle Bettwäsche, eigene Werke aus der Beschäftigungstherapie und, wenn vorhanden, mit eigenen privaten Erinnerungsstücken werden hier persönliche Akzente gesetzt. Der für das fortgeschrittene Krankheitsstadium häufig typischen Antriebsarmut der Bewohner wird durch das Zugeständnis auf Rückzug Rechnung getragen (Evertz, Höppner, Könenberg und Tichelbäcker, 1995).

Im Rahmen ihrer Fähigkeiten werden die Bewohner in die Pflege und Sauberhaltung ihres Wohnbereiches einbezogen und, wenn möglich, mit der Übernahme von Aufgaben für die Gemeinschaft betraut. Individuelle Unterstützung und Begleitung bei der Übernahme aller häuslichen Arbeiten dienen dem Wiedererwerb von Eigenverantwortung und Selbständigkeit.

Die Bewohner leben in einem losen Gruppengefüge. Sie nutzen einen gemeinsamen Wohnbereich mit einem Aufenthalts- und Fernsehraum, nehmen gemeinsam die Hauptmahlzeiten ein und besprechen bei den wöchentlich stattfindenden Gruppentreffen gemeinsame Veranstaltungen und anstehende Aktivitäten.

Neben der Bezugsgruppe können die Bewohner auch an anderen Aktivitäten teilnehmen: Beschäftigungstherapie, Basteln, Kochgruppe, Spielgruppe, Lesegruppe, Singen, Hauszeitung, Seniorengruppe, Tischtennis, Kegeln, Schwimmen, Frühgymnastik und „Musik von früher" hören. Mindestens einmal monatlich finden Gruppenausflüge, einmal jährlich Gruppenurlaube statt. Wichtig, weil es Spaß macht und eine zeitliche Orientierung innerhalb des Jahres ermöglicht, sind Feste und Rituale wie Geburtstage, Abstinenzjubiläen, Weihnachten, Ostern, Karneval,

Sommerfest, St. Martin, Nikolaus etc. Zu vielen dieser Feste können Angehörige, Ehemalige und Nachbarn eingeladen werden.

Individuelles Hirnleistungstraining hilft, die kognitive Leistungsfähigkeit zu verbessern. Gemeinsames Gehirnjogging oder Gedächtnis- und Aufmerksamkeitsspiele machen Spaß und fördern neben kognitiven Kompetenzen auch die Interaktionen der Gruppe.

Bei all diesen integrationsfördernden Maßnahmen gilt es, jeden Einzelnen dabei zu unterstützen, seinen Platz innerhalb der Gemeinschaft zu finden, an dem er sich geborgen, sicher und zufrieden fühlt.

Räumliche Voraussetzung

Die Räumlichkeiten für die Trainingsgruppe sind in der Regel ebenerdig und behindertengerecht (z.B. Personenaufzüge, Handläufe etc.) eingerichtet und übersichtlich mit Orientierungshilfen (Bildern, Symbolen, Farben, Schildern, Fotos etc.) gestaltet. Es stehen Einzel- und Doppelzimmer zur Verfügung.

Die Räume sind wohnlich und gemütlich eingerichtet. Die Bewohner fühlen sich „zu Hause". Eigene Räume haben persönlichen Charakter und werden deshalb auch mit persönlichen Dingen (Geschirr, Fotos, Bilder, Tagesdecke etc.) dekoriert. Pinnwände mit Infos, Stundenplänen, große Wanduhren in Zimmern und Gruppenraum erleichtern die zeitliche Orientierung.

Personelle Voraussetzung

Die Arbeit in der Trainingsgruppe erfordert ein gut besetztes, interdisziplinär arbeitendes Mitarbeiterteam von Sozialpädagogen, Erziehern, Ergotherapeuten, Heilpädagogen, Krankenpflegepersonal sowie Putzhilfen. Wesentlich ist die Sicherstellung der Kontinuität der Betreuung durch gleichbleibende Bezugspersonen.

4.4 Doppeldiagnosegruppe

Der Anteil Alkohol- und Medikamentenabhängiger mit psychiatrischer Komorbidität ist beträchtlich. Für diese Personengruppe, inbesondere Abhängige mit Psychosen, gab es lange Zeit keine angemessenen Behandlungsmöglichkeiten. Auch in einem Teil unserer Einrichtungen galt das Vorliegen einer Psychose häufig als Kontraindikation für die Aufnahme. Die Doppeldiagnosegruppe bietet diesem Personenkreis ein Betreuungsangebot, das die Abhängigkeit und die psychische Erkrankung der Bewohner in gleichem Maße berücksichtigt.

Indikationsspektrum

Aufgenommen werden alkohol- und medikamentenabhängige Personen mit Psychosen aus dem schizophrenen Formenkreis, depressiven Erkrankungen, Persönlichkeitsstörungen und schwerwiegenden alkoholbedingten Folgeschäden.

Medizinische Diagnosen

* Langjähriger chronischer Alkohol- und Medikamentenmissbrauch
* Depressive Erkrankungen (depressive Episode, rezidivierende depressive Episode, langandauernde depressive Episode/Dysthymia, bipolare Störung)
* Persönlichkeitsstörungen (wahnhafte, schizoide, dissoziale, histrionische, zwanghafte)
* Schizophrene Psychosen
* Chronifizierte Alkoholhalluzinose
* Organschädigungen (Herz-Kreislauferkrankungen, Leber, Gastrointestinaltrakt, Pankreas etc.)
* Polyneuropathie

Psychische Befunde

Bei dieser Bewohnergruppe liegt eine große Bandbreite psychischer Auffälligkeiten in Abhängigkeit von der Art der jeweiligen psychiatrischen Erkrankung vor, jedoch in fast allen Fällen psychische Instabilität, geringe oder mangelnde Realitätsanpassung. Es zeigen sich Tendenzen zur verzerrten Selbstwahrnehmung wie (manischer) Über- als auch Unterschätzung der eigenen Fähigkeiten und Möglichkeiten. Eigene Gefühle werden oft als beunruhigend oder bedrohlich erlebt. Die Einfühlungsfähigkeit in andere Menschen ist nur sehr gering ausgeprägt.

Kognitives Leistungsvermögen

Hierzu gehören weniger mangelnde intellektuelle Fähigkeiten als vielmehr das Unvermögen, komplexe Situationen zu verarbeiten. Es gelingt oft nicht, Situationen adäquat zu erfassen, Wichtiges von Unwichtigem zu unterscheiden und das eigene Handeln danach auszurichten.

Soziale Situation und soziale Kompetenzen

Soziale Kompetenzen sind oft nicht ausreichend ausgeprägt. Die Bewohner sind meist nur in geringem Umfang dazu in der Lage, Konflikte mit anderen Menschen zu ertragen oder konstruktiv zu lösen. Sie fühlen sich im Umgang mit anderen Menschen auch in alltäglichen Situationen oft überfordert und hilflos.

Lebenspraktische Kompetenzen

Lebenspraktische Kompetenzen sind oft nur unzulänglich entwickelt. Häufig sind schon elementare Selbstversorgungsfähigkeiten wie Körperpflege und Haushaltsversorgung nicht ausreichend ausgebildet oder krankheitsbedingt verlorengegangen.

Kontraindikationen

- Dauerhafte Missachtung des Abstinenzgebotes in der Einrichtung, erklärter Wille, weiter nicht auf Alkohol oder abhängigkeitserzeugende Medikamente verzichten zu wollen
- Störungen der Impulskontrolle, die ein Zusammenleben mit anderen im vorgegebenen Rahmen verhindern (Gewalttätigkeit, Pyromanie etc.)
- Selbst- oder Fremdgefährdung
- Akute Suizidalität (generell erhöhtes Suizidrisiko bei Komorbidität von Abhängigkeit und psychiatrischen Erkrankungen)
- Grundsätzliche Ablehnung medikamentöser Therapie

Ziele

Erstes Ziel in der Behandlung von Patienten mit Doppeldiagnosen ist wie bei den anderen Gruppen die Sicherung des möglichst gesunden Überlebens. Dazu gehört für die Gruppe der Abhängigen mit psychotischen Symptomen unbedingt eine angemessene neuroleptische Therapie, die entweder zur Linderung einer akuten psychotischen Symptomatik oder zur Rezidivprophylaxe erfolgt.

Für die Gruppe der Patienten mit Doppeldiagnosen ist die Abstinenzsicherung ein weiteres vorrangiges Ziel. Jeder Suchtmittelrückfall kann zu einer erneuten psychotischen Dekompensation führen und jedes psychotische Erleben zum Rückfall. Oft wird Alkohol dabei als Selbstmedikationsversuch eingesetzt, um als bedrohlich erlebte psychische Veränderungen zu kontrollieren. Weiteres zentrales Betreuungsziel ist deshalb die Förderung der Abstinenzmotivation des Bewohners.

Darüber hinaus gelten die gleichen allgemeinen und generellen Therapieziele, wie sie bereits für die Heimgruppe formuliert wurden: Symptom-Minimierung, Verbesserung der körperlichen Befindlichkeit und Verbesserung der Fähigkeiten und Kompetenzen auf motorischer, psychischer, sozialer, kognitiver und lebenspraktischer Ebene.

Personen mit Doppeldiagnosen erleben ihre Umwelt häufig als bedrohlich. Oft sind sie kaum in der Lage, in Kontakt mit anderen zu treten und ihre Umwelt aktiv mitzugestalten. Überschaubare, transparente Strukturen und Regelmäßigkeiten im Alltag schaffen hier erst die Grundlage für ein Gefühl von Sicherheit, Berechenbarkeit und Zuverlässigkeit. Erst auf dieser Basis ist es möglich, Beziehungen zum Gruppenbetreuer und zu Mitbewohnern aufzubauen.

Ein auf die Bedürfnisse der Bewohner abgestimmter Tages- und Wochenplan ist ein zentraler Punkt im Betreuungsprogramm. Die damit verbundenen Anforderungen, Regeln und Verhaltensweisen werden den Bewohnern erläutert und begründet. Bei der Umsetzung der Therapieziele werden die Bewohner dicht betreut und begleitet. Unter- und Überforderungen können auf diese Weise vermieden werden. Werden Anforderungen, etwa in den Gruppenstunden als Überforderung erlebt, besteht für den Bewohner in jedem Fall die Möglichkeit, die Situation für sich zu beenden und sich zurückzuziehen. Sie können im therapeutischen Alltag erfahren, dass sie Fehler machen und es neu versuchen können. Sie können aber auch, manchmal zwar nur in kleinen Schritten, konkrete Bewältigungserfahrung machen. So werden Alltagsanforderungen mit der Zeit für die Bewohner weniger bedrohlich.

Für Bewohner mit Doppeldiagnosen ist es wichtig, ihre Erkrankung und Krankheitssymptome gut zu kennen, sie zu akzeptieren und in ihre Lebensplanung einzubeziehen. Sie sollten auch in der Lage sein, für sie kritische Situationen (Rückfallgefährdung, Anzeichen einer psychotischen Entwicklung) zu erkennen und angemessen darauf zu reagieren.

Ein weiteres wichtiges Ziel ist die Befolgung von Medikamentenverordnungen. Viele der Bewohner stehen der medikamentösen Behandlung wegen der damit verbundenen Nebenwirkungen kritisch oder ablehnend gegenüber. Hier ist es wichtig, den Bewohner von der Notwendigkeit der medikamentösen Behandlung zu überzeugen und ihn zu einer zuverlässigen Medikamenteneinnahme zu motivieren (Kreuels, 1994). In jedem Fall ist die regelmäßige und ordnungsgemäße Einnahme (durch Kontrolle) sicherzustellen.

In der Gruppe erhalten die Bewohner Informationen über die Notwendigkeit und die Wirkung ihres Medikamentes und tauschen ihre Erfahrungen mit Psychopharmaka und deren Nebenwirkungen aus. Ziel ist der möglichst eigenverantwortliche Umgang mit ihren Medikamenten.

Die zunächst enge Anleitung bei Einkauf, Kochen, Waschen, Körperpflege und Putzen wird im Verlauf der Arbeit mit dem Bewohner immer mehr reduziert und zunehmend in die Eigenverantwortung der Bewohner übergeben. Sie lernen bei therapeutischen Angeboten wie Sport, Beschäftigungstherapie und Freizeitangeboten ihre kreativen und schöpferischen Fähigkeiten kennen und in ihren Alltag zu integrieren (Wohnraumgestaltung, Freizeitgestaltung, Entwicklung von Hobbys).

Arbeit im Haus oder in der Werkstatt für Behinderte schafft für die Bewohner Normalität. Sie arbeiten, haben Kollegen und machen die Erfahrung, dass sie noch sinnvolle Dinge leisten können. Durch die regelmäßige Tätigkeit erfolgt die Gewöhnung an eine Tagesstruktur, die auch nach einer Entlassung fortbestehen kann.

Methoden

Als besonders geeignet für die Gruppe der Bewohner mit Doppeldiagnosen hat sich der milieutherapeutische Ansatz mit klaren handlungs- und lösungsorientierten therapeutischen Interventionen erwiesen. Im Vordergrund steht dabei die Unterstützung in der Krankheits- und Alltagsbewältigung. Die therapeutischen Interventionen sind nicht aufdeckend-konfrontativ, sie haben eher begleitenden, übenden, stützenden und psychoedukativen Charakter.

Gerade für diese Bewohnergruppe sind eindeutige Regeln, eine klare und über- schaubare Tagesstruktur, gemeinsame Mahlzeiten, regelmäßige und verbindliche Therapieangebote, feste Bezugstherapeuten und Kontinuität in der Betreuung hilf- reiche und stabilisierende Bedingungen und Voraussetzungen für eine positive Entwicklung.

Die Bewohner nehmen an regelmäßigen einzel- und gruppentherapeutischen Maßnahmen teil. In den Gruppen werden die Auswirkungen der Krankheit und die Möglichkeiten des Umgangs mit der Erkrankung thematisiert. Dabei können die Bewohner voneinander lernen und von den Erfahrungen anderer profitieren. All- gemein wird der Austausch mit anderen, gleichermaßen betroffenen Mitbewoh- nern als erleichternd und entlastend empfunden. In diesen Gesprächen kann auch die Sensibilisierung für kritische Situationen (drohender Rückfall oder erste An- zeichen einer sich ankündigenden psychotischen Dekompensation) gefördert wer- den, damit zukünftig bei ersten Frühwarnzeichen Hilfe geholt werden kann. Um kritischen Situationen nicht mehr hilflos ausgeliefert zu sein, werden gemeinsam mit dem Bewohner Vorsorgepläne erstellt, in denen festgelegt wird, was in pro- blematischen Krisensituationen geschehen soll. Damit werden die Selbsthilfepo- tenziale des Bewohners gestärkt.

Besonders wichtig für diese Bewohnergruppe ist neben der psychischen Stabili- sierung auch die Förderung einer gesunden Lebensweise (ausreichender Schlaf, nicht zuviel Coffein, Entspannungsmöglichkeiten, Bewegung, Körperpflege etc.) und der Abstinenzbereitschaft.

Die Bezugsgruppe und die Hausgemeinschaft, aber auch Arbeits- und Beschäf- tigungstherapie, Sport und Freizeitaktivitäten bieten den Rahmen und das Lern- feld, innerhalb dessen sich eine Kontaktfähigkeit, Kontaktverhalten und zwi- schenmenschliche Beziehungen entwickeln können. Durch die konkrete Ausein- andersetzung mit anderen, durch real erlebte Schwierigkeiten und Bewältigungser- fahrung können weitere wesentliche soziale Kompetenzen wie Konfliktfähigkeit, Selbstbehauptung, Nähe – Distanzregulierung, die Wahrnehmung und der Schutz eigener Grenzen erworben werden.

Darüber hinaus nimmt, wie in den anderen Gruppen auch, die Entwicklung le- benspraktischer Kompetenzen einen breiten Raum ein. Bei kognitiven Beeinträch- tigungen erhält der Bewohner ein gezieltes, auf seine Erfordernisse abgestimmtes neuropsychologisches Hirnleistungstraining.

Räumliche Rahmenbedingungen

Es stehen Einzel- und Doppelzimmer in einem überschaubaren Wohnbereich oder Haus, Gruppen- und Wohnraum sowie ein Betreuerbüro auf gleicher Etage zur Verfügung.

Personelle Rahmenbedingungen

Gut ausgebildete feste Betreuer und Cotherapeuten stellen die Kontinuität der Betreuung sicher.

Es bestehen enge und gute Kooperationsbeziehungen zu den Mitarbeitern eines möglichst in der Nähe befindlichen Psychiatrischen Krankenhauses und zu den Konsiliarärzten.

Der für die Einrichtung als Psychiater tätige Konsiliararzt sieht die Bewohner bei seiner wöchentlichen Sprechstunde, bei Bedarf und in Notfällen auch häufiger.

4.5 Seniorengruppe

In der Seniorengruppe werden ältere Abhängige behandelt. Den besonderen Bedürfnissen dieser Zielgruppe wird im Betreuungsprogramm der Seniorengruppe Rechnung getragen. Sie verleben den Alltag gemeinsam und werden durch in der Arbeit mit älteren Menschen erfahrene und gut ausgebildete Mitarbeiter betreut. Erhalt und Ausbau der Selbständigkeit und der körperlichen, geistigen und sozialen Fähigkeiten sind die Ziele der Betreuung in der Seniorengruppe.

Indikationsspektrum

Aufgenommen werden ältere alkohol- und medikamentenabhängige Frauen und Männer, die aufgrund ihrer Erkrankung und ihrer Einschränkungen meist dauerhaft nicht mehr in der Lage sind, außerhalb einer beschützenden Einrichtung selbständig und abstinent zu leben.

Medizinische Diagnosen

- Langjähriger chronischer Alkohol- und Medikamentenmissbrauch
- Alkoholbedingte Organschädigungen (Herz-Kreislauferkrankungen, Leber, Gastrointestinaltrakt, Pankreas etc.)
- Alkoholbedingte körperliche und psychiatrisch-neurologische Folgeerkrankungen
- Alkoholbedingtes amnestisches Syndrom
- Alkoholdemenz
- Alkoholische Polyneuropathie
- Minderbegabung
- Morbus Alzheimer
- Vorzeitiger körperlicher und geistiger Alterungsprozess (premature aging), dadurch Einschränkungen der Mobilität, erhöhte Krankheitsanfälligkeit.

Psychische Befunde

Häufig liegen depressive Störungen, geringe Flexibilität, alkoholbedingte Persönlichkeits- und Wesensänderungen und Ängste vor.

Kognitives Leistungsvermögen

Bei dieser Bewohnergruppe zeigt sich eine überproportionale Zunahme von kognitiven Defiziten durch sich potenzierende Auswirkungen des Alterns und des Missbrauchs. Insofern fallen besonders starke kognitive Störungen (Rigidität, Gedächtnisstörungen, Desorientiertheit, Beeinträchtigung der Intelligenz, der Handlungsplanung, -steuerung und -kontrolle, Aufmerksamkeit, Konzentration etc.) auf.

Soziale Situation und soziale Kompetenzen

Die Bewohner haben oft lange Jahre in sozialer Desintegration und Vereinsamung gelebt und haben den Verlust familiärer Bindungen, Trennungen oder Tod des Partners oder anderer relevanter Bezugspersonen erlitten. Der Kontakt zu den eigenen Kindern ist meist abgebrochen, der Lebensradius zunehmend eingeengt.

Lebenspraktische Kompetenzen

Es zeigt sich eine völlige Hilflosigkeit in der Alltagsbewältigung und eine oft drastische Reduzierung der Möglichkeiten durch Mobilitätseinschränkungen.

Kontraindikationen

- Dauerhafte Missachtung des Abstinenzgebotes in der Einrichtung, erklärter Wille, weiter nicht auf Alkohol oder abhängigkeitserzeugende Medikamente verzichten zu wollen
- Persönlichkeitsstörungen oder Störungen der Impulskontrolle, die ein Zusammenleben mit anderen im vorgegebenen Rahmen verhindern (Gewalttätigkeit, Pyromanie etc.)
- Selbst- oder Fremdgefährdung, akute Suizidalität
- Pflegebedürftigkeit, die die ständige Anwesenheit von Pflegepersonal erfordert

Ziele

Hauptziele der Seniorengruppe sind die Stabilisierung und Verbesserung der körperlichen Befindlichkeit und die Erhaltung oder, wo auch immer möglich, der Ausbau der Selbständigkeit des Bewohners. Neben den für den Heimbereich formulierten weiteren allgemeinen und generellen Zielen gibt es in der Betreuung älterer Abhängiger auch zielgruppenspezifische Ziele.

Die Besonderheiten dieser Gruppe bestehen nach Matsche (1990) in den bedeutsamen Einschränkungen der körperlichen Beweglichkeit und allgemeinen

Mobilität, in erhöhter körperlicher Anfälligkeit für Erkrankungen, in der relativ kurzen Zeitspanne der verbleibenden Lebenszeit, im häufigen Verlust sozialer Bindungen und damit auch sozialer Korrektur und Kontrolle, im Verlust sozialer Rollen, beruflicher Anerkennung und Identität sowie in der zentralen Bedeutung, die der Vergangenheit für ältere Menschen zukommt. Diese Besonderheiten müssen bei der Formulierung der Betreuungsziele und bei den Betreuungsangeboten Berücksichtigung finden.

Ziele sind also insofern die Erhaltung körperlicher Gesundheit und Mobilität, körperliches und seelisches Wohlbefinden, Gefühle von Zufriedenheit, das Erleben von Sicherheit, Geborgenheit, Zugehörigkeit, Respekt und Wertschätzung. Auch wenn die Gruppe nicht die Familie ersetzen kann, findet der Bewohner hier Kontakt, Verständnis, Bestätigung, Unterstützung, soziale Korrektur und Kontrolle, unter Umständen auch Freunde und Partner. Die Erfahrung, auch etwas zur Gemeinschaft beitragen zu können und Anerkennung zu erhalten, begünstigt die Entwicklung von Zugehörigkeitsgefühl und Identität. Ebenso wird durch Rückblick und Beschäftigung mit der Vergangenheit das Identitätsgefühl gestärkt.

Methoden

Ältere, in ihrer Beweglichkeit und Mobilität eingeschränkte, zum Teil gebrechliche Bewohner brauchen mehr und gezieltere Unterstützung bei der Bewältigung des Alltags. Unterstützung und Begleitung durch die Mitarbeiter erfolgt in allen Bereichen, wo dies notwendig ist: beim An- und Auskleiden, bei der Körperhygiene, bei der Gestaltung und beim Säubern des Zimmers, bei Erledigungen, bei Fahrten mit öffentlichen Verkehrsmitteln und anderen Alltagsanforderungen. Funktionierende und intakte Kompetenzen sollen erhalten und möglichst weiter ausgebaut werden. Insofern sollte dem Bewohner nicht zuviel abgenommen werden, wird ihm schließlich mit allem, was wir für ihn tun, auch ein Teil seiner Autonomie und Selbständigkeit abgenommen.

Die Hilfe sollte sich also im Wesentlichen auf die Bereiche beziehen, in denen der Bewohner wirklich Hilfe braucht. In allen übrigen Bereichen sollten seine eigenen Möglichkeiten angeregt und aktiviert werden.

Der Bewohner übernimmt im Rahmen seiner Fähigkeiten Aufgaben und Verantwortung für seine Gruppe und die Hausgemeinschaft. Er erlebt, dass auch er noch gebraucht wird und Wertschätzung erfährt.

In Gesprächen und Erinnerungen an früher wird der oft „bedrohlichen Gegenwart ... die positiv erlebte Vergangenheit entgegengesetzt" (Matsche, 1990). Der Rückblick auf Zeiten, in denen der Bewohner noch gebraucht wurde, vielleicht für eine Familie sorgte, einem Beruf nachging, Erinnerungen auch an Bewältigungserfahrungen wirken dem Identitätszerfall entgegen. Dieser „Rückblick" erfolgt auf verschiedenen Ebenen: Hören und Singen der Lieder von früher, Anschauen von

alten Filmen, gemeinsames Kochen früherer Lieblingsgerichte, Zeigen und Anschauen von alten Fotos etc.

Einen großen Teil der Unterstützung erhält der Bewohner in der Gruppe und
durch die Arbeit, durch Gespräche und Unternehmungen der Gruppe. Andere therapeutische Maßnahmen, wie das Training von Alltagskompetenzen, ein auf die
individuellen Erfordernisse zugeschnittenes Hirnleistungstraining, spezielle Gymnastik oder Bewegungstherapie finden auch in Form von Einzelbetreuung statt.

Weitere therapeutische Angebote dienen der Zustandserhaltung oder Zustands-
verbesserung. Seniorensport soll die Mobilität, Spaß an Bewegung, Aufmerksamkeit und Konzentration, Kommunikation und Interaktion fördern, Beschäftigungstherapie Spaß an kreativer und schöpferischer Tätigkeit anregen, die Entwicklung
kognitiver und motorischer Fähigkeiten und Fertigkeiten unterstützen und Möglichkeiten sinnvoller Freizeitgestaltung eröffnen.

Räumliche Rahmenbedingungen

Es sind Einzel- und Doppelzimmer in einem gemeinsamen Wohnbereich, in dem
auch der Gruppenraum und das Betreuerbüro liegen, vorhanden.

Personelle Rahmenbedingungen

In der Seniorengruppe arbeiten vorwiegend mit gerontopsychiatrischen Krankheitsbildern vertraute und in der Arbeit mit älteren Menschen erfahrene und qualifizierte Mitarbeiter wie Kranken- und Altenpfleger. Zusätzlich wirken ergo- und
sporttherapeutische Mitarbeiter an der Betreuung der Bewohner der Seniorengruppe mit.

4.6 Orientierungsgruppe oder Wohngruppe

Die Begriffe Orientierungsgruppe und Wohngruppe beschreiben das gleiche Betreuungsangebot. Lediglich die Namensgebung wird in den verschiedenen Einrichtungen unterschiedlich gehandhabt. In dieser Gruppenform werden chronisch al-
kohol- und medikamentenabhängige Männer und Frauen behandelt, die mit einem
selbständigen Leben in eigener Wohnung oder selbstgewählter Lebensgemein-
schaft überfordert, aber mit dem Programm der Heimgruppen jedoch unterfordert
und schlecht erreichbar sind.

Indikationsspektrum

Aufgenommen werden alkohol- und medikamentenabhängige Frauen und Männer, bei denen neben der Suchterkrankung auch weitere alkoholbedingte Folgeerkrankungen oder zusätzliche körperliche, psychische, kognitive oder soziale Beeinträchtigungen vorliegen, die hinsichtlich ihres Ausmaßes und ihrer Intensität allerdings einen geringeren Ausprägungsgrad aufweisen als die Krankheitsbilder der Heimgruppenbewohner. Prognostisch erscheinen alle körperlichen, psychischen, kognitiven und sozialen Beeinträchtigungen unter Abstinenzbedingungen und in gesichertem sozialen Kontext medizinisch, soziotherapeutisch und neuropsychologisch gut behandel- bzw. beeinflussbar.

Medizinische Diagnosen

- Langjähriger chronischer Alkohol- und Medikamentenmissbrauch
- Leichtere alkoholbedingte körperliche und psychiatrisch-neurologische Folgeerkrankungen
- Geringfügiges hirnorganisches Psychosyndrom
- Keine oder geringe psychiatrische Komorbidität
- Keine oder leichtere Minderbegabung
- Akute Psychosen.

Psychische Befunde

Bei dieser Bewohnergruppe besteht die Fähigkeit, sich in einer vorgegebenen Struktur zurechtzufinden und sie als Hilfe für die eigene Lebensbewältigung zu nutzen.

Es zeigen sich verschiedene psychische Schwierigkeiten und Probleme, meist resultierend aus geringer persönlicher Stabilität, geringem Selbstvertrauen und niedriger Selbstwirksamkeitserwartung, geringer Frustrationstoleranz, gering ausgeprägten Konfliktbewältigungsstrategien und lückenhaftem Allgemein- oder lebenspraktischem Wissen.

Es besteht Einsicht in die eigene Situation, eine kognitive und emotionale Akzeptanz der Abhängigkeit, ein verhältnismäßig stabiler Abstinenzwunsch und die Bereitschaft, Hilfe anzunehmen.

Kognitives Leistungsvermögen

Es zeigen sich nur leichte kognitive Störungen, meist Gedächtnisfunktionen, Konzentration und Aufmerksamkeit betreffend, jedoch keine größeren Intelligenzeinbußen aufgrund hirnorganischer Veränderungen.

Soziale Situation und soziale Kompetenzen

Familiäre Bindungen bestehen meist nicht oder sind abgebrochen, der Bewohner verfügt über kein tragfähiges soziales Stützsystem. Es besteht jedoch die Bereitschaft und Fähigkeit zur Integration in eine Gruppe oder Gemeinschaft; auffällig ist eine fehlende „Übung" im Umgang mit anderen Menschen.

Lebenspraktische Kompetenzen

Alltägliche Angelegenheiten wie Besorgungen, Pflege des Zimmers und der Wäsche, Einhalten von Zeiten und Terminen, Zubereitung kleiner Mahlzeiten usw. können unter beschützenden und stabilisierenden Bedingungen selbständig oder mit geringen Hilfen bewältigt werden. Es besteht die Bereitschaft und Fähigkeit zu regelmäßiger arbeitstherapeutischer bzw. behinderungsgerechter Betätigung entweder in einem der heiminternen Arbeitsbereiche oder einer Behindertenwerkstatt.

Kontraindikationen

- Nicht nur vorübergehende psychische und/oder physische Über- oder Unterforderung durch das Betreuungsprogramm (oder Teilen davon) der Wohngruppe.
- Dauerhafte Missachtung des Abstinenzgebotes in der Einrichtung, erklärter Wille, weiter nicht auf Alkohol oder abhängigkeitserzeugende Medikamente verzichten zu wollen.
- Persönlichkeitsstörungen oder Störungen der Impulskontrolle, die ein Zusammenleben mit anderen im vorgegebenen Rahmen verhindern (Gewalttätigkeit, Pyromanie etc.).
- Selbst- oder Fremdgefährdung, akute Suizidalität.

Ziele

Vorrangiges Ziel der Arbeit in der Wohngruppe ist es, jedem Bewohner ein zuverlässiges und tragfähiges soziales Gefüge und die Möglichkeit zu vertrauensvollen persönlichen Beziehungen sowohl zu Mitbewohnern als auch zu Betreuern zu bieten. Darüber hinaus sollen die Bewohner die Möglichkeit erhalten, eine zuverlässige und sinnvolle Tages-, Wochen- und Jahresstruktur nach ihren Fähigkeiten und Bedürfnissen zu gestalten und langfristig beizubehalten (Evertz, Höppner, Könenberg und Tichelbäcker, 1995).

Angestrebt ist die verbindliche und regelmäßige Teilnahme an der Arbeitstherapie im Haus oder außerhalb in einer beschützenden Werkstatt. Weitere betreuerische Ziele bestehen in der Förderung einer differenzierten Selbst- und Fremdwahrnehmung, der Erweiterung der sozialen Kompetenz, des Verständnisses und der Akzeptanz der eigenen Stärken und Schwächen sowie der Entwicklung eines angemessenen Umgangs mit Konflikten.

Darüber hinaus gelten auch bei dieser Bewohnergruppe die allgemeinen Therapieziele, wie sie bereits in Kapitel 4.1 für die Heimgruppe definiert wurden. Dies betrifft auch die Förderung des Abstinenzwunsches und der Abstinenzbereitschaft.

Methoden

Die Wohngruppe bietet dem Bewohner die Möglichkeit zu einer unabhängigeren und selbständigeren Lebensform. Um viele Dinge des alltäglichen Lebens kann und muss er sich selbst kümmern, ohne auf den Schutz der Einrichtung verzichten zu müssen. Er kann hier Erfahrungen mit größerer Eigenverantwortung und der Bewältigung von Alltagsanforderungen machen. In der Wohngruppe nimmt die tägliche Arbeit eine besondere Bedeutung ein. Der Bewohner erhält an seinem Arbeitsplatz, in der Arbeitstherapie oder der Werkstatt für Behinderte die arbeitspädagogischen und arbeitstherapeutischen Hilfen, die er für seine Weiterentwicklung braucht.

Weitere wichtige Elemente in der Betreuungsstruktur der Wohngruppe stellen die zweimal wöchentlich stattfindenden und für alle verbindlichen Gruppenstunden und die gemeinsamen Freizeitunternehmungen dar. Darüber hinaus nehmen die Wohngruppenmitglieder am Gemeinschaftsleben der gesamten Hausgemeinschaft teil.

Die Betreuung ist an den individuellen Fähigkeiten und Bedürfnissen eines jeden Bewohners orientiert und im Einzelnen sehr unterschiedlich. Neben den Gruppenstunden finden auch Einzelgespräche mit dem zuständigen Gruppenbetreuer zur Erörterung aktueller Anliegen, Probleme, Entwicklungen und Ziele sowie zur Erarbeitung differenzierter Handlungspläne und Lösungswege statt (Evertz, Höppner, Könenberg und Tichelbäcker, 1995).

Die alltäglichen Angelegenheiten wie Besorgungen, Pflege des Zimmers und der Wäsche, Einhalten von Zeiten und Terminen, Zubereitung kleiner Mahlzeiten usw. bewältigen die Bewohner selbständig oder mit geringen Hilfen. Ihre Anliegen, Probleme oder Konflikte können sie meist konkret benennen und Schritte zu ihrer Bewältigung einleiten oder sich Hilfe holen. Selbstverständlich werden die speziellen Förderangebote des Hauses wie Beschäftigungstherapie, Sport, Gedächtnis- und Orientierungstraining, Krankengymnastik auch von den Wohngruppenmitgliedern genutzt.

Räumliche Voraussetzungen

Ideal für die Wohngruppe ist eine separate Wohneinheit innerhalb des soziotherapeutischen Heimes bzw. auf dem Gelände. Einzelzimmer bieten sich aufgrund der erweiterten Freiräume an.

Es besteht die Möglichkeit, eigene Mahlzeiten in einer Gruppenküche zuzubereiten. Weiter ist ein gemeinsamer Gruppen-Freizeitraum vorhanden.

Personelle Voraussetzungen

Neben der sozialpädagogischen Betreuung ist die arbeitstherapeutische Begleitung und Unterstützung durch entsprechende Fachleute (Ergotherapeuten, Arbeitspädagogen, Handwerker) wichtig. Darüber hinaus steht ein medizinisch ausgebildeter Mitarbeiter als Ansprechpartner zur Verfügung.

Sonstige Voraussetzungen

Wesentlich sind feste Arbeitsmöglichkeiten in verschiedenen Bereichen innerhalb oder außerhalb der Einrichtung, etwa in einer Werkstatt für Behinderte, im Rahmen eines Praktikums, einer Lehre etc.

4.7 Außenwohngruppe

In der Außenwohngruppe wird die Entwicklung von Selbständigkeit der Bewohner gefördert. Die Außenwohngruppe ist ein Betreuungsangebot für Alhoholabhängige, die einer intensiven Heimbetreuung nicht mehr bedürfen, mit einer selbständigen Lebensführung in einer eigenen Wohnung jedoch überfordert sind. Vorrangiges Ziel für die Bewohner der Außenwohngruppe ist die Förderung der Autonomie und Selbstverantwortung, die weitere Stabilisierung des Abstinenzwunsches und der Abstinenzfähigkeit. Die Bewohner werden bei der Tagesstrukturierung, der Organisation des Alltags, der Freizeitgestaltung und auf dem Weg zu ihren individuellen Zielen durch Betreuer unterstützt und gefördert. Außenwohngruppen bedeuten eine weitere Verbesserung und Differenzierung unseres soziotherapeutischen Therapieangebotes (Schaust, 1995).

Indikationsspektrum

Bewohner der Außenwohngruppe sind alkohol- und medikamentenabhängige Frauen und Männer, die aufgrund ihres körperlichen Zustandes und ihrer psychosozialen und lebenspraktischen Kompetenzen wieder in der Lage sind, unter selbständigeren und autonomeren Bedingungen zu leben, als sie in der stationären Soziotherapie möglich sind. Sie sind jedoch weiterhin (zeitlich begrenzt oder überdauernd) auf Unterstützung und Begleitung angewiesen.

Medizinische Diagnosen

- Langjähriger chronischer Alkohol- und Medikamentenmissbrauch
- Leichtere alkoholbedingte körperliche und psychiatrisch-neurologische Folgeerkrankungen
- Keine gravierenden hirnorganischen Beeinträchtigungen
- Keine oder geringe psychiatrische Komorbidität
- Keine oder leichtere Minderbegabung
- Relativ stabiler körperlicher Gesundheitszustand.

Psychische Befunde

Eine ausreichende psychische Stabilität und Abstinenzbereitschaft, Veränderungswunsch und Motivation für diese Lebensform sowie die Bereitschaft, diese Form der Unterstützung und Hilfe anzunehmen, sind vorhanden.

Kognitives Leistungsvermögen

Lernfähigkeit, Flexibilität und ausreichende kognitive Leistungsfähigkeit sind gegeben, es liegen keine gravierenden Probleme bei Orientierung, Gedächtnisleistungen, Problemlösen oder Handlungsplanung vor.

Soziale Situation und soziale Kompetenzen

Der Bewohner ist ausreichend konfliktfähig, zeigt Bereitschaft und Fähigkeit zur Integration in eine bestehende Gruppe und ist zur Übernahme von Verantwortung für sich und die Gruppe bereit.

Lebenspraktische Kompetenzen

Unter beschützenden Bedingungen ist eine relativ selbständige und eigenverantwortliche Bewältigung von Alltagsanforderungen wie Körperhygiene, Pflege des Zimmers und der Wäsche, Einkäufe und Besorgungen sowie Zubereitung von Mahlzeiten für die Gruppe möglich. Absprachen und Termine werden eingehalten.

Nicht jeder Bewohner, der für eine Außenwohngruppe geeignet ist, erfüllt alle genannten Kriterien in gleichem Ausmaß. Von daher müssen Überlegungen zur Auswahl der Bewohner die Gesamtdynamik der Gruppe berücksichtigen. Das bedeutet, dass bei der Zusammenstellung auch zu überlegen ist, inwieweit sich Bewohner in ihren Ressourcen und Defiziten einander ergänzen und ausgleichen können.

Kontraindikationen

- Nicht nur vorübergehende psychische und/oder physische Über- oder Unterforderung durch das Betreuungsprogramm (oder Teilen davon) der Außenwohngruppe
- Dauerhafte Missachtung des Abstinenzgebotes in der Einrichtung, erklärter Wille, weiter nicht auf Suchtmittel verzichten zu wollen

- Gravierende amnestische oder beweglichkeitseinschränkende Beeinträchtigungen
- Persönlichkeitsstörungen oder Störungen der Impulskontrolle, die ein Zusammenleben mit anderen im vorgegebenen Rahmen verhindern (Gewalttätigkeit, Pyromanie etc.)
- Selbst- oder Fremdgefährdung, akute Suizidalität
- Pflegebedürftigkeit.

Ziele der Außenwohngruppen

Zielsetzung einer Außenwohngruppe ist es in erster Linie, einen sozialen Rahmen zur Verfügung zu stellen, der Anreize schafft und ein Lernumfeld bietet, innerhalb dessen die Bewohner mehr Selbständigkeit, Verantwortung und Eigeninitiative entwickeln können. Für einen Teil der Bewohner bedeutet der Aufenthalt in der Außenwohngruppe eine Etappe auf dem Weg zu einer eigenen Wohnung und eigenständiger Lebensführung. Für andere ist das Leben in der Außenwohngruppe eine ihren Fähigkeiten und Fertigkeiten entsprechende dauerhafte und angemessene Form der Lebensgestaltung.

Wesentliche Bereiche der Versorgung, Haushaltsführung, Tagesstrukturierung und Freizeitgestaltung werden von den Bewohnern einer Außenwohngruppe in Eigenverantwortung geplant, organisiert und umgesetzt. Das Ausmaß und die Intensität der therapeutischen Begleitung und Betreuung wird in Abhängigkeit von den Bedürfnissen und Anforderungen der Bewohner flexibel gestaltet und eingesetzt. Ziel ist dabei immer ein größtmögliches Maß an Selbständigkeit der Bewohner. Insofern gelten auch für die Bewohner der Außenwohngruppe freiere Regeln als für die anderen Heimbewohner. Ausgangs- und Urlaubsregelungen sind flexibler, notwendige Medikamente können meist selbst verwaltet werden.

Bei Rückfällen und Veränderungen des Gesundheitszustandes ist eine vorübergehende oder, wenn nötig, dauerhafte Rückverlegung in den Heimbereich möglich.

Methoden

Die therapeutischen Interventionen in der Außenwohngruppe beziehen sich auf Beratung, Anleitung, Begleitung von Problemlösungsprozessen, Konfliktmanagement und Sicherstellung eines suchtmittelfreien Umfeldes.

Neben der Alltagsbewältigung mit allen lebenspraktischen Anforderungen wird jeder Bewohner auch weiterhin in der Verfolgung seiner persönlichen Therapieziele unterstützt und gefördert. Je nach Inhalt und Zielsetzung findet dies in Einzel- und/oder Gruppengesprächen statt.

Die Bewohner versorgen sich alleine und verwalten auch ihr Monatsbudget selbständig. Einkauf, Küchen- und Putzdienste, Renovierung, Gartenarbeit werden untereinander aufgeteilt. Neben ihrer Haushaltsarbeit nehmen die Bewohner auch an Arbeits- und Beschäftigungstherapieeinheiten teil. Die Arbeiten können hierbei projektbezogen, etwa das Anlegen eines Teiches im Garten der Außenwohngruppe, Bauen eines Regales für die Außenwohngruppe etc., oder auch individuumzentriert, beispielsweise das Erlernen eines Hobbys zur Freizeitgestaltung etc. sein. Darüber hinaus können Bewohner der Außenwohngruppe externen (Teilzeit)-Beschäftigungen nachgehen oder interne feste oder wechselnde Arbeitsbereiche in der Küche, im Garten oder im Telefondienst übernehmen. Die Arbeitstherapie kann im Stammhaus, in der Werkstatt für Behinderte oder auch in der Außenwohngruppe selbst stattfinden.

Die Mitglieder der Außenwohngruppe unternehmen darüber hinaus individuelle oder gemeinsame Freizeitveranstaltungen, Ausflüge und gemeinsame Ferien. Die Autonomie über die Gestaltung der Freizeit und des Feierabends liegt in viel höherem Ausmaß bei den Bewohnern selbst, als dies im Haupthaus der Fall ist. Der Betreuer hat hierbei eher beratende, anregende und animierende Funktion.

Räumliche Rahmenbedingungen

Die Außenwohngruppen sind räumlich vom Stammhaus getrennt in einer Wohnung oder einem Haus untergebracht. Die optimale Größe einer Außenwohngruppe liegt bei vier bis acht Personen. Ein Kontingent an Plätzen in der Außenwohngruppe steht auch für Paare zur Verfügung.

Die Außenwohngruppe sollte über eine gute Anbindung an das öffentliche Verkehrsnetz verfügen und in die Infrastruktur des Ortes eingebunden sein (Erreichbarkeit von Geschäften, Ärzten, öffentlichen Einrichtungen etc.).

Um Zusammenhalt und Gemeinschaft zu fördern, stehen gemeinsame Wohn- und Aufenthaltsräume zur Verfügung. Die Entfernung zwischen dem Stammhaus und der Außenwohngruppe sollte für Mitarbeiter und Bewohner gut und zeitökonomisch erreichbar sein.

Personelle Rahmenbedingungen

Als konstante Bezugspersonen stehen Sozialpädagogen oder Sozialarbeiter für die Betreuung zur Verfügung. Bei Bedarf erfolgt begleitende Unterstützung durch Hausmeister, Hauswirtschaft, Arbeits- und Beschäftigungstherapeuten des Stammhauses.

5 Betreuungsbausteine

Neben den im vorangegangenen Kapitel beschriebenen Bezugs- oder Stammgruppen gibt es eine Vielzahl weiterer therapeutischer Gruppen- und Einzelangebote wie Arbeits- und Beschäftigungstherapie, Sport- und Bewegungstherapie, kognitives Training, indikative therapeutische Gruppen und Neigungsgruppen. Diese Betreuungsbausteine werden in den folgenden Kapiteln vorgestellt.

5.1 Arbeit und Arbeitstherapie

Arbeit nimmt in unserer Gesellschaft einen großen Stellenwert ein. Sie ist deshalb auch ein zentraler Lebensbereich für jeden Menschen und von größter Bedeutung für seine Selbstverwirklichung und sein Selbstwertgefühl. Der Mensch liefert ein für die Gesellschaft sinnvolles und nützliches Arbeitsergebnis oder erbringt eine Dienstleistung und sichert damit seinen Lebensunterhalt.

Arbeit in der Soziotherapie dient nicht zum Erwerb des Lebensunterhaltes, ihr kommt innerhalb des therapeutischen Rahmens eine andere Bedeutung zu. In der Arbeitstherapie werden sinnvolle und notwendige Arbeiten mit konkreten Zielen durchgeführt. Diese, an den Möglichkeiten und Fähigkeiten des Bewohners orientierte Arbeit mit sichtbaren Arbeitsergebnissen, spricht den gesunden Teil der Persönlichkeit an, lenkt vorhandene Energien in konstruktive, produktive und gesunde Bahnen und schafft Möglichkeiten, neue Fähigkeiten und Kompetenzen zu entwickeln. Arbeitsleistung zu erbringen ist auch für viele unserer Bewohner, die oft über Jahre hinweg nicht gearbeitet haben, ein wichtiger Schritt in Richtung Normalisierung.

Arbeit stellt zudem ein Bindeglied zur Realität dar. Durch die Mitverantwortung für die täglichen Aufgaben wird das Verantwortungsgefühl für die eigene Person und die Gemeinschaft angeregt. Gleichzeitig wird die Selbständigkeit gefördert. Arbeiten zu können gibt ein Gefühl der Befriedigung, sei es durch motorische Bewegung, sei es durch das erzielte Ergebnis oder durch beides. Arbeit vermittelt das Gefühl, leistungsfähig zu sein und fördert dadurch das Selbstwertgefühl. Viele unserer Bewohner identifizieren sich stark mit ihrer Arbeit und fühlen sich dadurch wieder wichtig und nützlich. Arbeit als Therapie wirkt also sowohl körperlich als auch geistig aktivierend.

In der Soziotherapie unterstützt Arbeit den täglichen Lebensrhythmus. Faktoren wie Ordnung, Regelmäßigkeit und Disziplin können ein Gleichgewicht in die körperliche und seelische Gesundheit bringen, vorausgesetzt, dass die Arbeit die Kräfte und Fähigkeiten nicht überfordert. Insgesamt wächst dadurch wieder die Stabilität und damit auch die Abstinenzfähigkeit der Bewohner. In Krisensituationen kann die Arbeitstherapie über quälende Gedanken oder unangenehme Gefühlszustände wie innere Unruhe, Angst oder Ärger hinweghelfen.

Indikationen für Arbeitstherapie (AT)

Die Arbeitstherapie ist ein wirksames therapeutisches Instrument zur Aktivierung und Förderung unserer Bewohner. Gerade für chronisch mehrfach geschädigte alkoholkranke Frauen und Männer sind handlungsorientierte Veränderungsstrategien angemessen, sinnvoll und hilfreich. Wegen der körperlichen und psychisch stabilisierenden, aktivierenden, normalisierenden und selbstwertsteigernden Wirkung arbeitstherapeutischer Maßnahmen nehmen fast alle Bewohner in dem ihnen möglichen Umfang an der Arbeitstherapie teil.

Die Arbeitstherapie wird für jeden Bewohner, seinen Fähigkeiten, Fertigkeiten und Vorlieben entsprechend, geplant und durchgeführt. Unterstützend werden diagnostische Instrumente (Beurteilungsbögen etc.) zur Status- und Prozessdiagnostik eingesetzt.

Regelmäßig werden mit dem Bewohner dessen eigenes Erleben sowie sein Arbeits- und Sozialverhalten reflektiert. Auch innerhalb des therapeutischen Teams und im Rahmen der externen Supervision findet eine kontinuierliche Auseinandersetzung mit den Prozessen, Entwicklungen und Zielen der Bewohner in der Arbeitstherapie statt. Aus den zusammengetragenen Informationen können sich neue Therapieschritte, Fördermöglichkeiten oder Korrekturen der vereinbarten Maßnahmen herleiten lassen.

Ziele der Arbeitstherapie

Arbeitstherapie in der Soziotherapie hat den Zweck, eine individuell angepasste Tätigkeit in einer annähernd realistischen Arbeitsatmosphäre anzubieten, so dass jeder Bewohner zu erwünschten Arbeitsergebnissen und Verhaltensänderungen gelangt. Jeder Einzelne kann die Erfahrung machen, arbeitsähnliche Situationen wieder bewältigen zu können.

In verschiedenen Arbeitsbereichen wie Metall- und Holzwerkstatt, Haustechnik, Instandhaltung und Renovierung, Garten- und Freilandarbeit, Küche und Hauswirtschaft werden Kompetenzen auf unterschiedlichen Ebenen gefördert.

Allgemeine Ziele der Arbeitstherapie sind

auf der körperlichen Ebene

eine allgemeine Aktivierung, die Verbesserung motorischer Fähigkeiten, der Beweglichkeit und der Ausdauer

auf der kognitiven Ebene

die Förderung von Konzentrations- und Merkfähigkeit, Gedächtnisfunktionen, Handlungsplanung und Flexibilität, die Korrektur unrealistischer Selbsteinschätzung (Über- oder Unterschätzung des eigenen Leistungsvermögens und der eigenen Fähigkeiten)

auf der emotionalen Ebene

die Wahrnehmung und der Ausdruck von angenehmen und unangenehmen Gefühlen wie Freude, Ärger, Wut, Angst und

auf der zwischenmenschlichen Ebene

die Förderung von Sozialverhalten und sozialen Kompetenzen wie Kontaktaufnahme, Fähigkeit zur Zusammenarbeit und Übernahme von Verantwortung, Inanspruchnahme von Hilfe, Umgang mit Fehlern und Kritik.

Spezifische, das Arbeitsverhalten im engeren Sinne betreffende Ziele der Arbeitstherapie

Die Bewohner lernen, wieder zu arbeiten und mit arbeitsähnlichen Anforderungen umzugehen. Dazu gehören, im Rahmen der eigenen Möglichkeiten, das rechtzeitige Erscheinen und das Verbleiben am Arbeitsplatz, die Einhaltung von Pausenzeiten, die Ausführung von Aufgaben entsprechend den Aufträgen sowie die Übernahme von Verantwortung für Geräte, Materialien und den Arbeitsplatz.

Das eigene Verhalten wird wieder als relevant erlebt, wodurch Selbstvertrauen und Spaß an der Arbeit wachsen. Außerdem lernen die Bewohner dabei ganz unterschiedliche Tätigkeitsbereiche kennen. Die durch die Tagesstruktur vorgegebene Ordnung und Regelmäßigkeit vermitteln Halt und Stabilität.

Das interne Arbeitstraining mit speziellen Anforderungen an den Einzelnen ist eine Möglichkeit für Klienten, Schritt für Schritt Ausdauer und Belastbarkeit zu verbessern. Ein solches internes Training wird gemeinsam mit dem Bewohner geplant, die einzelnen Aufgaben werden speziell auf seine individuellen Fähigkeiten und Grenzen abgestimmt.

Die Bewohner werden zur stufenweisen Wiedereingliederung in Beruf und Gesellschaft auch dabei unterstützt, externe Arbeitstrainings durchzuführen. Im Einzelfall entstehen daraus Lehr- oder Arbeitsverhältnisse. Die Zusammenarbeit mit einer Werkstatt für Behinderte ist in vielen Fällen eine gute Möglichkeit, zumindest auf dem sogenannten zweiten Arbeitsmarkt wieder Fuß zu fassen und eingegliedert zu werden.

Intervention, Mittel und Methoden

Die Arbeitstherapie setzt bei den natürlichen Ressourcen jedes Bewohners an und nutzt sie mit einer pädagogischen, therapeutischen und unterstützenden Zielsetzung.

Dabei spielen verhaltenstherapeutische Methoden und Interventionen wie zeitkontingente Verstärkung, systematische Verhaltensformung (shaping), Verhaltensketten (chaining, backward chaining) und Verhaltensverknüpfung eine wesentliche Rolle. Weitere therapeutische Wirkfaktoren sind klare Tagesstrukturen, eindeutige überschaubare Aufgaben, Begleitung, Unterstützung und Ermutigung durch den Arbeitstherapeuten oder anleitenden Handwerker.

Der Arbeitsprozess wird individuell geplant. Dazu werden zunächst die aktuelle Motivation und Stärken sowie frühere Interessen und Fähigkeiten des Einzelnen abgeklärt, um daran anzuknüpfen. Anschließend werden Ziele und Teilziele sowie Hilfsmittel bestimmt und regelmäßig mit den Möglichkeiten des Bewohners verglichen. Gegebenenfalls werden die Therapieschritte und -ziele modifiziert. Der Arbeitsprozess wird kontinuierlich begleitet, überprüft und gemeinsam mit dem Klienten bewertet.

Rahmenbedingungen

Die Bandbreite der arbeitstherapeutischen Möglichkeiten ist in den verschiedenen Einrichtungen unterschiedlich. In den meisten Häusern existieren folgende Arbeitstherapie- und Werkstattbereiche:

Holzwerkstatt

Hier werden Produkte für die Ausgestaltung des Hauses, der Gemeinschaftsräume und Gartenanlagen oder Kinderspielzeug, Puzzles, Schatullen etc. für den Verkauf auf Märkten (etwa Weihnachtsmarkt) und Basaren hergestellt, aber auch Möbel aufgearbeitet und repariert.

Metallwerkstatt

Auch hier werden Arbeiten für das Haus angefertigt wie Tischgestelle, Kerzenständer, Garderoben, Objekte für die Gestaltung des Hauses etc.

Fahrradwerkstatt

In einigen Einrichtungen bestehen Werkstätten, in denen Fahrräder gewartet und aufgearbeitet werden. Diese werden sowohl für den hauseigenen Bedarf genutzt als auch zum Verkauf angeboten.

Haustechnik/Renovierung

Im Rahmen dieses Tätigkeitsbereichs werden – soweit dies möglich ist – Renovierungs- und Instandhaltungsmaßnahmen (Zimmer streichen, Schränke überarbeiten, Regale bauen etc.) geplant und durchgeführt.

Küche/Café/Hauswirtschaftsbereich

In der Küche sind die Bewohner an der Vor- und Zubereitung aller Mahlzeiten, am Tischdienst und beim Cafédienst, in der Hauswirtschaft beim Waschen, Bügeln und Wäschefalten, bei übergreifenden Putzdiensten der Gruppen- und Gemeinschaftsbereiche, der Flure und der sanitären Anlagen etc. beteiligt.

Garten/Freiland/Sportplatz

Im Rahmen der Arbeitstherapie „Freiland" gestalten und pflegen die Bewohner die Außenanlagen und den Garten, sie bauen Obst und Gemüse für den eigenen Bedarf an oder übernehmen die Pflege und Wartung des Sportplatzes.

Externe Arbeit

Einige Bewohner üben bezahlte Aushilfstätigkeiten außerhalb der Einrichtung aus oder arbeiten in beschützenden Werkstätten.

In einigen Einrichtungen wechseln die Gruppen oder einzelne Bewohner nach einem festgelegten Zeitraum ihre Arbeitstherapiebereiche. Durch dieses „Rotationsprinzip" soll erreicht werden, dass jeder Bewohner mit jedem Bereich vertraut wird und auf diese Weise ein breites Spektrum an Betätigungsfeldern, eigenen Möglichkeiten und Stärken kennen lernt und trainiert. Ein Wechsel bietet immer neue Anreize und fördert dadurch die geistige Flexibilität unserer Bewohner. Wenn es sich jedoch als therapeutisch sinnvoll erweist und es dem Wunsch des Bewohners entspricht, kann er, nachdem er alles kennen gelernt hat, einem Bereich auch längerfristig zugeordnet werden.

In anderen Einrichtungen hat es sich bewährt, von vorneherein einen längeren oder dauernden Verbleib des Bewohners in einem Arbeitstherapiebereich anzustreben. Gerade bei schwächeren Klienten ist die Rotation häufig ein verunsichernder Faktor. Hat er einmal seinen Arbeitsplatz kennen gelernt und dort in einem meist längeren Prozess Kompetenzen, Geschick, Techniken, Fähigkeiten und Fertigkeiten entwickelt, erlebt er hier Selbstbestätigung, Anerkennung, ein Gefühl der Sicherheit und Zugehörigkeit und ist stolz auf seinen „festen" Arbeitsplatz.

Die Tätigkeiten, die der Bewohner im Rahmen der Arbeitstherapie übernimmt, sind über ihren individuellen therapeutischen Nutzen hinaus natürlich auch Arbeiten für die Hausgemeinschaft. Die gemeinsame Beteiligung an der Produktion, an Versorgung, Service, Ausgestaltung und Wartung des Hauses fördert die Identifikation des Einzelnen mit der Einrichtung.

Die Ausgestaltung der Arbeitstherapie – sowohl inhaltlich als auch zeitlich – ist ganz individuell und eng an den Ressourcen und der Belastungsfähigkeit jedes Bewohners orientiert. So kann die Arbeitstherapie zwischen einer halben Stunde und sechs Stunden am Tag dauern. Auch Pausenregelungen werden individuell getroffen.

In einzelnen Einrichtungen erhalten die Bewohner für ihre Arbeit je nach Tätigkeitsmerkmalen und Zeitaufwand auch Arbeitsprämien.

5.2 Beschäftigungstherapie

Wir wollen wieder Lebensfreude vermitteln. Innerhalb der Soziotherapie ist die Beschäftigungstherapie ein wichtiges therapeutisches Instrument zur Entwicklung und Förderung lebenspraktischer Kompetenzen unserer Bewohner.

Anders als in der Arbeitstherapie steht in der Beschäftigungstherapie der kreative Gestaltungsprozess im Vordergrund, das Ausprobieren von neuen und das Wiederentdecken verlorengegangener Fähigkeiten, der spielerische Umgang mit den verschiedensten Materialien, der gezielte Einsatz von Techniken und Methoden zur Förderung von bestimmten Fähigkeiten und Fertigkeiten (z.B. Feinmotorik, Flexibilität, Konzentration, Merkfähigkeit etc.).

Beschäftigungstherapie soll vor allem aber Spaß machen und Anregungen und Impulse zu kreativer Freizeitgestaltung geben.

Indikation für Beschäftigungstherapie

Beschäftigungstherapie ist ein wesentlicher Baustein in der Soziotherapie, da sie am handelnden Menschen ansetzt und in Gestaltungs- und Arbeitsprozessen ihre „heilende" Wirkung entfaltet. Bis auf wenige Ausnahmen (externe Arbeitserprobung oder ganztägige Arbeit in der Werkstatt für Behinderte oder im Haus) nehmen alle Bewohner an der Beschäftigungstherapie teil. Die Methoden der Beschäftigungstherapie und die verwendeten Materialien sind ungeheuer vielfältig. Es werden sowohl lebenspraktische als auch kreative, handwerkliche, soziale und intellektuelle Fähigkeiten angesprochen und geübt.

Ziele der Beschäftigungstherapie

Bei der ergotherapeutischen Behandlung von Alkohol- und Medikamentenabhängigen ist die Wiederherstellung, Erhaltung und Förderung von Fähigkeiten und Fertigkeiten im sozialen wie im lebenspraktischen Bereich die Zielsetzung schlechthin. Das Erlernen von neuen Kenntnissen und der Erwerb neuer Kompetenzen soll den Bewohnern zu größtmöglicher Selbständigkeit und mehr Lebensfreude verhelfen.

Gerade in der Arbeit mit Abhängigen fällt auf, dass diese häufig ein unrealistisches Selbstbild haben. Die einen überschätzen sich völlig, andere wiederum trauen sich viel zu wenig zu. Im Umgang mit unterschiedlichen Materialien können die Bewohner ihre Fähigkeiten auf ganz verschiedenen Gebieten überprüfen und kennen lernen.

In der Beschäftigungstherapie kann man das „Können" sehen, es wird gearbeitet, gestaltet und nicht nur gesprochen. Sowohl das Ergebnis als auch der Lösungsweg sind sichtbar und begreifbar. Es wird deutlich, wie der Bewohner an eine Aufgabe herangeht, welche Lösungsmöglichkeiten er nutzt, ob er die Aufgabenstellung versteht, ob er sie behalten und sich darauf konzentrieren kann, ob er Ausdauer hat, was er macht, wenn es nicht klappt, wie er arbeitet, welche kreativen und handwerklichen Fähigkeiten er hat, ob er Spaß an seinem Tun hat und vieles mehr. Er kann am „eigenen Leib" erfahren, was ihm schwer fällt und was gut gelingt.

Er kann aber auch die Erfahrung machen, wie durch Übung und Wiederholung Ausdauer und Fähigkeiten verbessert werden. Dies ist auch meist in den Ergebnissen zu sehen und kann dann gemeinsam mit dem Therapeuten reflektiert werden. Dies alles hilft dem Bewohner dabei, seine eigenen Fähigkeiten realistischer einzuschätzen.

Ein weiteres Ziel ist die Verbesserung der Wahrnehmung eigener Empfindungen und Bedürfnisse sowie der Fähigkeit, diese zum Ausdruck zu bringen. Hier dient das kreative Material als Ausdrucksmittel.

Wie wird das Material empfunden, wie fühlt es sich an, welche Gefühle und Empfindungen entwickeln sich im Entstehungsprozess, was wird als angenehm oder unangenehm empfunden? Der Bewohner wird ermuntert, dies alles wahrzunehmen, zu äußern und so wieder mehr auf eigene Empfindungen zu achten.

Anderen Bewohnern fällt es schwer, mit Frustrationen, die während eines Arbeitsprozesses entstehen, umzugehen. Sie brauchen oft noch Unterstützung dabei, eine Arbeit trotz Schwierigkeiten weiterzuführen und nicht einfach aufzugeben. Sie lernen in der Beschäftigungstherapie, Geduld mit sich selbst zu haben und ihren eigenen Anspruch nicht so hoch zu schrauben. Eine nicht zu unterschätzende Lernerfahrung liegt auch darin, innerhalb einer Gruppenarbeit Hilfe anzunehmen, zu geben und Verantwortung für die geleistete Arbeit zu übernehmen. Ein weiteres Ziel der Beschäftigungstherapie ist die Förderung besonderer Begabungen, Fähigkeiten und Talente sowie die Entwicklung von Freizeitkompetenzen und Spaß an kreativer Betätigung.

In der Beschäftigungstherapie können die Bewohner wesentliche lebenspraktische Fähigkeiten wie Pünktlichkeit, Ausdauer und Sorgfalt erlernen. Sie können Verantwortungsgefühl, Selbständigkeit und Handlungsplanungs- und Problemlösekompetenzen entwickeln.

Vielen unserer Bewohner ist durch ihre Krankheit, neurologische Veränderungen und reduziertes Selbstvertrauen auch das Vertrauen in die eigene Wahrnehmung abhanden gekommen. Beschäftigungstherapie fördert durch gezielte Übungen (Sehen, Hören, Riechen, Schmecken und Tasten) eine differenziertere Sinneswahrnehmung und Genussfähigkeit. Sinneswahrnehmungen können auch durch alltagspraktische Tätigkeiten wie gemeinsames Einkaufen, Kochen, Abschmecken, Probieren und Essen trainiert werden.

Methoden der Beschäftigungstherapie

Der Beschäftigungstherapeut ist bei seiner Arbeit nicht auf ein einziges Verfahren festgelegt. Er wählt – je nach Ziel der Intervention – zwischen verschiedenen Methoden.

Bei der kompetenzzentrierten Methode geht es darum, verlorengegangene oder verborgene Fähigkeiten und Kompetenzen zu trainieren. Als Therapiemittel dienen neben handwerklichen Techniken auch lebenspraktische Tätigkeiten und Freizeitaktivitäten. Meist handelt es sich um umschriebene Aufgaben (Herstellung eines Bilderrahmens oder einer Schachtel), die mündlich oder schriftlich gestellt werden. Die Bewohner haben die Möglichkeit, Materialien (Pappe, Holz, Metall, Ton o.ä.) und Thema mit auszusuchen und mitzubestimmen. Bei der kompetenzzentrierten Methode geht es um das Training verlorengegangener oder verborgener Fähigkeiten, um die Anwendung von Arbeitstechniken, um Arbeitsplanung, Arbeitsstrukturierung, Genauigkeit, Sorgfalt und Arbeitsqualität.

Des Weiteren gibt es die ausdruckszentrierte Methode, bei der vorzugsweise mit bildnerischen und „formgebenden" Materialien und Techniken gearbeitet wird. Hier liegt der Schwerpunkt darin, vorbewussten Empfindungen und Gedanken Raum zu geben, sie „Gestalt" werden zu lassen, um sie auf eben diesem Wege zum Ausdruck bringen zu können. Oft werden solche Gefühle erstmals über diese Ebene greifbar und bewusst. Bei diesem Verfahren werden seitens des Beschäftigungstherapeuten klare Themen und Materialien vorgegeben. Eine Aufgabe könnte beispielsweise die Darstellung der eigenen Person als Tier, Baum oder Gebäude in einem Bild oder in einer Tonarbeit sein. Neben dem Produktionsprozess ist hier die Besprechung und Reflexion der Arbeit von besonderer Bedeutung (warum habe ich gerade dieses Tier gewählt, welche Eigenschaften hat dieses Tier, was hat das mit mir zu tun? etc.).

Beim dritten Verfahren, der interaktionellen Methode, geht es vorwiegend um gruppendynamische Prozesse wie Interaktion und Auseinandersetzung in der Gruppe, Entscheidungsbildung und Entscheidungsfindung, Kooperation und Konkurrenz, Durchsetzungs- und Kompromissfähigkeit. Hier erfolgen meist nur grobe Themenvorgaben (gemeinsames Bild, eine große Tonarbeit, ein Modellhaus o.ä.) seitens des Therapeuten.

Am Ende jeder Therapieeinheit erfolgt stets ein Feedback, indem die Bewohner gemeinsam mit dem Beschäftigungstherapeuten den Verlauf der Behandlungseinheit reflektieren und zusammenfassen.

Rahmenbedingungen

Der beschäftigungstherapeutische Behandlungsrahmen und die soziale Form sind variabel. Die Spannbreite reicht von Einzelarbeit über Einzelarbeit in der Gruppe bis hin zu Partnerarbeit, Kleingruppenarbeit (drei bis sechs Personen) und Arbeiten in größeren Gruppen. Welche Form gewählt wird, hängt von den individuellen Zielsetzungen und von der dazu entsprechend gewählten Methode ab. Beschäftigungstherapie kann in den dafür vorgesehenen Räumlichkeiten, aber auch im jeweiligen Gruppenraum, an anderer Stelle im Haus oder draußen stattfinden.

Die Beschäftigungstherapie verfügt über gut ausgestattete Werkräume. Dazu gehören arbeitsgerechte Tische und Stühle, die genügend Arbeitsraum für kleine Gruppen bieten. Ein Brennofen für Tonarbeiten, Maschinen für die Verarbeitung von Holz, Nähmaschine und Computer sollten vorhanden sein. Sinnvoll ist auch eine Trainingsküche, ein Therapiegarten und Ausstellungsflächen für Bewohnerarbeiten.

Als Therapiemedien stehen dem Beschäftigungstherapeuten eine Vielzahl verschiedenster Arbeitsmaterialien zur Verfügung: Stoffe, Garne, Papier, Pappe, Leder, Holz, Metalle, Speckstein, Ton, Farben, Stifte, Naturmaterialien wie Trockenblumen oder Rinden, Zeitschriften, Literatur, Spiele u.v.m.

5.3 Sporttherapie und Bewegung

Die (Wieder)entdeckung eines positiven Körpergefühls macht viele Kräfte frei. Die Sporttherapie hat deshalb in der Soziotherapie ihren festen Platz im Spektrum der Therapiemaßnahmen.

In Anlehnung an eine Definition des Deutschen Verbandes für Gesundheitssport und Sporttherapie (1996) ist die Sporttherapie dabei eine bewegungstherapeutische Maßnahme, die mit geeigneten Mitteln des Sports im Rahmen des interdisziplinären Kontextes gestörte körperliche, psychische und soziale Funktionen kompensiert, regeneriert, Sekundärschäden vorbeugt und gesundheitlich orientiertes Verhalten fördert, wobei sie sich an den vorhandenen Funktionsressourcen der Bewohner ausrichtet.

In unseren Einrichtungen sollen Sport- und Bewegungserfahrungen vermittelt werden, die den Spaß und die Freude an der Bewegung in den Mittelpunkt stellt. Verinnerlichte Normen, besonders erfahren durch frühere, sehr oft negative Sporterfahrungen, blockieren oftmals die Fähigkeiten, individuelle Erfolgserlebnisse wahrzunehmen. Hier setzt die Sporttherapie an, die den Leistungs- und Wettkampfcharakter durchaus in Übungs- und Spielsequenzen mit einbezieht, aber hauptsächlich nach der Prämisse handelt: Das Erlebnis ist wichtiger als das Ergebnis.

Unabhängig von den eingesetzten Methoden, den vorhandenen Rahmenbedingungen und der individuellen Intensität ist Sport und Bewegung immer auch eine gesundheitsfördernde und eine psychohygienische Maßnahme. Dies gilt insbesondere für die Sport*therapie* mit ihrer präventiven oder rehabilitativen Ausrichtung.

Indikationen

Ausgangspunkt für die sporttherapeutischen Maßnahmen sind die bei den Bewohnern vorhandenen Funktionsressourcen. Es wird versucht, mit den Mitteln des Sports eine Verbindung zwischen dem aktuellen Ist-Zustand, den abrufbaren Bewegungserinnerungen und dem gewünschten Soll-Zustand zu erreichen.

Neben der Primärerkrankung Alkohol- und/oder Medikamentenabhängigkeit gibt es bei den Bewohnern meist zahlreiche Sekundärschädigungen physischer, psychischer oder emotionaler Art. Diese teilweise ebenfalls schon chronifizierten Erkrankungen erfordern eine interdisziplinäre Betreuung, in der Sport und Bewegung wichtige therapeutische Mittel sind.

Ziele

Die Ziele der Sporttherapie sind sowohl individuell auf das jeweilige Krankheitsbild jedes einzelnen Bewohners ausgerichtet, als auch personenübergeordnet im gruppendynamischen Sinn.

Übergeordnetes Ziel ist dabei, eine Situation zu schaffen, in der der Bewohner Spaß und Freude erleben kann. Dadurch ensteht zwischen dem Sporttherapeuten und dem Bewohner Kooperation und Vertrauen, auf deren Basis sich eine Motivierung zu Aktivität und Verhaltensmodifizierung entwickeln kann, die das Erreichen weiterer Ziele ermöglicht (Edelmeyer, 1995). Im Einzelnen sind dies:

- Anregung zur Wahrnehmung des eigenen Körpers
- Entwicklung realistischer Selbsteinschätzung des eigenen Könnens
- Erleben und die sukzessive Förderung der momentan vorhandenen physischen Leistungsfähigkeit (Koordination, Beweglichkeit, Kraft und mit Einschränkung Ausdauer)
- Vermitteln von Fertigkeiten aus dem Bereich des Sports und der Bewegung, die auch in die Freizeit transferiert werden können
- Förderung von Fantasie und Kreativität, verbunden mit dem Abbau von unangemessenen und kontaktbeeinträchtigenden Hemmungen sich selbst oder anderen Menschen gegenüber
- Unterstützung beim Erlernen von sozialen Verhaltensweisen. Hierbei steht das Begreifen und Anerkennen von Regeln, Respektieren der eigenen und der Grenzen anderer, Umgang mit Aggression sowie das Vermitteln von Ritualen im Vordergrund (Edelmeyer und Huißmann, 1998)

- Erzeugen von Aufmerksamkeit und Achtsamkeit für den eigenen Körper mit seinen motorischen und physiologischen Abläufen
- Sensibilisierung für die Bewegungsabläufe, die in Alltagssituationen stattfinden
- Schaffen und Nutzen von Situationen für die (Wieder-) Entwicklung von konstruktiver Kommunikation und Interaktion in der Gruppe
- Ermöglichen der Mithilfe bei der Lösung von gruppenrelevanten Prozessen.

Methoden

Als Basis für das Erreichen der Ziele dienen allgemein didaktische und speziell für den Sport relevante Methoden u.a. aus den Fachgebieten Biomechanik des Körpers, Trainingslehre und Motopädagogik. Um weitere gesundheitliche Schädigungen zu vermeiden ist es unerlässlich, wissenschaftlich fundierte und in der Praxis erprobte gesundheitsfördernde Bewegungsabläufe zu berücksichtigen und in den Therapieverlauf einzubauen. Dabei stehen dem Sporttherapeuten vielfältige Zugänge und Wege offen, den Bewohner über Bewegung und Körpererfahrung zu erreichen.

Gruppen im Sport – Sport in Gruppen

Sporttherapeutische Aktivitäten finden meist im Rahmen der Bezugsgruppe, in indikativen oder sportthemenorientierten Gruppen statt. Bei den Gruppenformen wird die Thematik aus dem breiten Spektrum des Sports (z.B. Spiele, Fußball, Jogging, Gymnastik, Schwimmen etc.), der Bewegung (insbesondere Alltagsbewegungen), des Tanzes (Höppner, 1998), der Körperwahrnehmung oder der Entspannungsmethoden ausgewählt.

Bei der Bezugsgruppe ist die heterogene Zusammensetzung im physischen, psychischen, emotionalen und sozialen Bereich die Grundlage für die Auswahl der sporttherapeutischen Themen, die zur Erreichung vorher definierter Ziele eingesetzt werden.

Die indikativen Gruppen werden durch Bewohner gebildet, deren vergleichbare Problematik mit den Mitteln des Sports bearbeitet wird. Dabei sind nicht nur körperliche, sondern auch psychische oder emotionale Beeinträchtigungen Indikationen für diese Sporttherapiegruppen.

Die sportthemenorientierten Gruppen (s.a. Neigungsgruppen in Kap. 5.6) setzen sich in der Regel aus motivierten und freiwillig teilnehmenden Bewohnern zusammen. Im soziotherapeutischen Bereich häufig installierte Gruppen sind Tischtennis-, Fußball-, Badminton-, Rad- und Tanzgruppen. Außerdem fördern vorhandene räumliche Besonderheiten und individuelle Mitarbeiterinteressen die Durchführung diverser Neigungs-Sportgruppen.

Einzelbetreuung im Sport

Die Sporttherapie führt im Rahmen ihrer Möglichkeiten auch einzeltherapeutische Maßnahmen durch. Dabei werden individuelle bewegungstherapeutische Aktivitäten (z.b. im orthopädischen, posttraumatischen oder neurologischen Bereich) nach Absprache mit dem Team, dem beratenden Arzt, externen Fachkräften und dem für den Bewohner zuständigen Therapeuten eingesetzt.

Freizeitbereich

Gerade die Bewohner der soziotherapeutischen Einrichtungen weisen als Folge ihres jahrelangen Alkoholmissbrauchs Defizite bei der Gestaltung ihrer Freizeit auf.

Da Sport und Bewegung in unserer Gesellschaft einen großen Stellenwert einnehmen, ergibt sich hierdurch die Möglichkeit, sporttherapeutische Aktivitäten in die Freizeit zu transferieren und dadurch den Bewohnern die Gelegenheit zu bieten, sinnvoll und gesundheitsorientiert einen für sie häufig problematischen Zeitraum zu verbringen. Beispiele hierfür sind Sportfeste, Fußball- und Tischtennisturniere sowie der Besuch von Sportveranstaltungen als organisierte Aktivitäten, aber auch das Angebot von Räumlichkeiten und Sportgeräten zur individuellen Nutzung und die damit verbundene Förderung von Eigeninitiative und das (Wieder-)Entdecken vorhandener Ressourcen.

In Turnieren zwischen verschiedenen Einrichtungen werden auf sportlicher Ebene Kontakte geschaffen und Motivation zur Verbesserung der eigenen Leistungsfähigkeit.

Personelle Ausstattung

Bei der sporttherapeutischen Arbeit in der Soziotherapie ist aufgrund der verschiedenen Krankheitsbilder, der verschiedenen Persönlichkeitsstrukturen und der verschiedenen noch vorhandenen Ressourcen und Bedürfnisse der Bewohner ein breites Spektrum an Fachwissen und Fachkompetenz erforderlich. Deshalb sind in der Soziotherapie gut ausgebildete Mitarbeiter wie Diplomsportlehrer, Sportlehrer, Gymnastiklehrer und Motopädagogen tätig. Aufgrund der damit vorhandenen Fachkompetenz ist gewährleistet, dass die sporttherapeutischen Maßnahmen wissenschaftlich fundiert, nach neuesten sportmethodischen Aspekten ausgewählt und durchgeführt werden.

Räumliche Ausstattung

Die Sporttherapie findet in für ihre Zwecke geeigneten Räumen statt. Es handelt sich dabei um Gymnastikräume, kleine Turnhallen, eigene Sportplätze sowie Rasen- oder Waldflächen im Außenbereich. Externe öffentliche Sport- und Turnhallen, Sportplätze und Schwimmbäder werden ebenfalls für sporttherapeutische oder freizeitorientierte Maßnahmen benutzt. Damit wird gleichzeitig eine Eingliederung der Einrichtung und ihrer Bewohner in die gemeindenahe Umgebung gefördert.

Materielle Ausstattung

Der Sport- und Bewegungstherapie stehen alle für Fitness und Gymnastik, Freizeitsport, Sport- und Spielfeste, Gruppensport und Turniere notwendigen Sportartikel und -geräte zur Verfügung. Tischtennisplatte, Billardtisch, Fitnessgeräte, Fahrräder, Behindertenräder, Boulekugeln etc. werden von den Bewohnern auch in ihrer Freizeit genutzt. Darüber hinaus sind in einzelnen Einrichtungen auch zusätzliche Sportgeräte für Bogenschießen, Kanutouren, Hockey und vieles mehr vorhanden.

Zeitlicher Rahmen

Die Sporttherapie ist in den wöchentlichen Therapieplan integriert und umfasst in ihren verpflichtenden oder freiwilligen Teilen verschieden lange Zeiteinheiten. Diese richten sich nach der Thematik, der Intensität und der Befindlichkeit der teilnehmenden Bewohner.

Begleitende Maßnahmen

Im Umfeld der Sporttherapie bieten sich Möglichkeiten, alltägliche Routinehandlungen an sporttherapeutische Aktivitäten zu koppeln. Dies kann z.B. der notwendige Wäschewechsel (Sportkleidung) und das anschließende Duschen sein. Gesundheitsorientierte Themen wie Ernährungsgewohnheiten, Körperfunktionen oder Rückenschule runden die Aufgabenpalette ab.

5.4 Kognitive Rehabilitation

Niemand soll überfordert, aber auch nicht unterschätzt werden. Alkohol- und Medikamentenabhängige leiden aufgrund ihres langjährigen Suchtmittelmissbrauchs meist unter hirnorganischen Beeinträchtigungen mit den für solche Veränderungen typischen kognitiven Leistungseinbußen wie zeitlicher und örtlicher Orientierungsschwäche, Störungen des Gedächtnisses, der Wahrnehmung, der Handlungsplanung und Problemlösefähigkeit, der Aufmerksamkeit, der Konzentration und Ausdauer sowie erhöhter Interferenzanfälligkeit, Ablenkbarkeit und Perseverationsneigung.

Diese Störungen können manifest und offensichtlich sein und sich beispielsweise darin äußern, dass ein Klient auch nach längerem Heimaufenthalt noch große Schwierigkeiten hat, sein Zimmer zu finden oder Mitklienten und Betreuer namentlich zu benennen oder zu erkennen. Die Leistungseinbußen können aber auch subklinischer Natur und verhältnismäßig unauffällig bleiben oder sich in „Verhaltensauffälligkeiten" manifestieren. Scheinbar desinteressiertes, unmotiviertes, apathisches oder „widerständiges" Verhalten des Klienten hat oft seine Wurzeln in kognitiven Defiziten. Neuropsychologische Diagnostik hilft, Fehlbehandlungen oder Überforderungen der betroffenen Bewohner zu vermeiden. Dazu müssen die zugrunde liegenden kognitiven Störungen erkannt werden, was Kenntnisse der neuroanatomischen und neuropsychologischen Prozesse sowie der typischen alkoholbedingten Schädigungsmuster voraussetzt. Mit geeigneten differenzialdiagnostischen Verfahren sind die spezifischen kognitiven Funktionen und Dysfunktionen zu bestimmen. Die daraus abgeleiteten indikationsabhängigen Behandlungsstrategien haben bei vielen unserer Klienten zu erheblichen und stabilen Leistungsverbesserungen geführt.

Indikation

Chronischer Alkoholmissbrauch führt zu diffusen und spezifischen Veränderungen des Nervensystems. Neuropathologisch finden sich nach langjährigem Alkoholmissbrauch neben diffusen cerebralen Schädigungen im Sinne atrophischer Prozesse mit Vergrößerungen der Ventrikel (Hirnkammern) und Erweiterungen der Sulci (Hirnfurchen) vor allen Dingen Läsionen und Degenerationen diencephaler und limbischer Strukturen. Darüber hinaus zeigen sich häufig Beeinträchtigungen des Frontalhirns bzw. dessen reziproker Verbindungen mit verschiedenen Anteilen des limbischen Systems. Außerdem gibt es bei Alkoholabhängigen Hinweise auf asymmetrische hirnorganische Schädigungsmuster mit stärkerer Beeinträchtigung rechtshemisphärischer Strukturen. Alle beschriebenen Störungsmuster können mit gezielten neuropsychologischen Methoden behandelt werden (Steingass, 1995; 1998).

Schädigungen der Strukturen des limbischen Systems sind u. a. für die oft erheblichen Gedächtnisprobleme Alkoholabhängiger verantwortlich. Es zeigt sich jedoch kein einheitliches Schädigungsmuster. Bestimmte Funktionen wie Kurzzeitgedächtnis, semantisches Gedächtnis und prozedurales Gedächtnis bleiben weitgehend unbeeinträchtigt. Andere Funktionen wie das episodische Gedächtnis und räumlich-visuelle Gedächtnisfunktionen, die beispielsweise beim Gesichtererkennen beteiligt sind oder anterograde Gedächtnisfunktionen, die für das Erlernen neuer Inhalte zuständig sind, sind in erheblichem Umfang betroffen.

Läsionen des frontalen Cortex führen meist zu Persönlichkeits- und Wesensänderungen sowie Veränderungen des Sozialverhaltens und kognitiven Beeinträchtigungen. Häufig zeigt sich ein Verlust an Initiative, Spontaneität und Antrieb, der sich in Gleichgültigkeit, Apathie, Lethargie, Verlangsamung und Trägheit äußert, aber auch in einer Störung der Impulskontrolle, motorischer Unruhe, ungerichtetem Handeln und dem Verlust „sozialer Intelligenz".

Der frontale Cortex scheint eine Leitungs- und Steuerfunktion zu haben, die für das Planen, Ausführen und Kontrollieren von Handlungen und die Aufnahme und Verarbeitung von sensorischen Informationen für Wahrnehmung, Denken, Sprache, motorische Operationen wie Steuerung der Aktivität, Bewegungs- und Handlungssteuerung, Willkürbewegungen und -handlungen, darüber hinaus amnestische und intellektuelle Prozesse sowie emotionell-affektive Aspekte des Verhaltens wesentlich ist.

Häufig zu beobachtende Fehler bei kognitiven Operationen wie impulsives, wenig zielgerichtetes Handeln, „Haften" an (irrelevanten) Details, mangelhafte Umstellungsfähigkeit bzw. Perseveration vorausgegangener Handlungsschritte, mangelhaftes Lernen aus Fehlern und mangelhafte Entwicklung von Alternativplänen lassen sich auf eine Störung des abstrakten und problemlösenden Denkens, fehlende Planung, unzulängliche Strategiebildung, mangelnde Flexibilität und Rigidität zurückführen, ohne dass daraus notwendigerweise reduzierte Intelligenzleistungen resultieren.

Das Vorliegen frontaler Störungen und deren Schweregrad werden in der klinischen Praxis häufig unterschätzt, weil Patienten in alltäglichen Routinehandlungen keine Verhaltensauffälligkeiten zeigen. Probleme treten oft erst in neuen, ungewohnten und unbekannten Situationen auf.

Die stärkere Beeinträchtigung der rechtshemisphärischen Strukturen bei Alkoholabhängigen zeigt sich u. a. darin, dass der allergrößte Teil der kognitiven Defizite bei entgifteten Alkoholikern nicht-sprachlicher Natur ist, während verbale Fähigkeiten meist gut erhalten sind. Sie gelten als relativ störungsresistent und stabil gegenüber hirnorganischen Veränderungen. Generell scheint es eine stärker ausgeprägte Vulnerabilität der rechten Hemisphäre und der ihr zugeschriebenen räumlichen Reizverarbeitung zu geben. Die Folge davon sind deutliche Minderleistungen bei visumotorischen Aufgaben, räumlicher und visueller Wahrnehmungsorganisation sowie beim Gesichtererkennen. Diese Funktionen werden üblicherweise der rechten Hemisphäre zugeschrieben.

Ziele

Die Ziele des kognitiven Trainings sind je nach Indikation Verbesserungen in den Bereichen

- Gedächtnis und Lernen
- Orientierung
- Aufmerksamkeit
- Konzentration
- Reaktion
- Flexibilität
- Ausdauer
- Genauigkeit
- Belastbarkeit
- Handlungsplanung
- Problemlösung
- Interferenzimmunisierung
- Visuell-motorische Koordination.

Neuropsychologische Diagnostik

Alle beschriebenen Störungsmuster lassen sich mit geeigneten neuropsychologischen Diagnoseinstrumenten erfassen. Ziel der Diagnostik ist die Objektivierung der gestörten und intakten kognitiven Leistungen, der Kompetenzen, Potenziale und Ressourcen des Bewohners sowie die Bestimmung und Definition der Alltagsanforderungen an die kognitiven Funktionen in seiner individuellen Lebenssituation. Ebenso wichtig ist es, eigene, bewährte Bewältigungs- und Kompensationstechniken und -strategien des Bewohners zu identifizieren, zu nutzen und in die Therapieplanung zu integrieren. Die Ergebnisse der Diagnostik helfen bei der Festlegung der Therapieziele, Planung der Behandlungsmaßnahmen, der Bestimmung der eingesetzten Methoden und bei der Erfassung von Veränderungen während des Restitutionsverlaufs.

Wir benutzen in unseren Einrichtungen zur Planung des Hirnleistungstrainings regelmäßig Selbst- und Fremdbeurteilungsbögen (s. Anhang 9) zur Erfassung des aktuellen Leistungsstandes, die, wenn möglich auch vom Bewohner selbst, in jedem Fall aber von mehreren Mitarbeitern aus den verschiedenen Bereichen (Bezugstherapeut, Beschäftigungstherapeut, Krankenpfleger etc.) ausgefüllt werden. Darüber hinaus werden systematische Verhaltensbeobachtungen im Sinne von ADL-Skalen (Activities of Daily Living) zur Erfassung der Alltagskompetenzen durchgeführt. Diese strukturierte Form der Verhaltensbeobachtung ist integriert in unsere Basisdokumentation. Bei besonderen Fragestellungen werden gegebenenfalls weitere standardisierte psychologische Verfahren zur Erfassung intakter und gestörter Funktionen eingesetzt.

Wesentliche Eigenschaften neuropsychologischer Diagnoseverfahren sollten neben den üblichen Anforderungen an Testinstrumente wie Objektivität, Zuverlässigkeit und Gültigkeit vor allem Alltagsnähe und Zeitökonomie sein.

Behandlung kognitiver Störungen

Hirnleistungstraining als eigenständige Methode ist eingebettet in den Betreuungsalltag, der mit seinen klaren und überschaubaren Strukturen, Terminen, Regeln, Aufgaben und Anforderungen für jeden Einzelnen günstige Ausgangsbedingungen für den weitestgehenden Wiedererwerb verlorengegangener kognitiver Kompetenzen bietet. Mitarbeiter aus den verschiedensten Berufsgruppen (Ergotherapie, Krankenpflege, Sport- und Bewegungstherapie, Psychologie etc.) wirken an kognitiven Rehabilitationsmaßnahmen mit. Die Methoden und Interventionen, Organisationsformen, Medien und Materialien sind unterschiedlich und richten sich nach den individuellen Erfordernissen, Möglichkeiten und Zielen des jeweiligen Bewohners.

Verschiedene Methoden des kognitiven Trainings werden in Abhängigkeit von den jeweiligen Erfordernissen einzeln oder in Kombination eingesetzt:

- Einzel- und/oder Gruppentraining
- Papier- und Bleistiftverfahren
- Computerverfahren (Cogpack von Marker, Rigling Reha Software, eigene Programme)
- Alltagsorientiertes Training
- Orientierungstraining
- Imaginationstraining (Visualisierungsübungen)
- Spiele (Gedächtnis, Reaktion, Schnelligkeit, Aufmerksamkeit, Handlungsplanung, logisches Denken etc.)
- Training zur Nutzung externer Gedächtnishilfen (Kalender, Pläne, Signaluhren, elektronische Organizer).

Wesentliches Prinzip in der Behandlung kognitiver Störungen ist es aus unserer Sicht, den Bewohner zu fordern, ohne ihn zu überfordern. Ein Garant für den Therapiefortschritt sind spürbare Erfolgserlebnisse und Spaß an den Übungen. Bei den Computerübungen sind regelmäßig positive feedbacks eingebaut, bei anderen Interventionen und in vivo-Übungen wird auf kontingente Verstärkung geachtet. Die Akzeptanz bei den Bewohnern und ihre Fortschritte sind bei Berücksichtigung dieser Prämissen erstaunlich gut. Als Meta-Strategie hat sich beim Erlernen fast aller Alltagskompetenzen und Routineoperationen, beim Namenlernen, Wege- und Orientierungstraining die Methode des „errorless-learning" bewährt. Dieses im verhaltenstherapeutischen Sprachgebrauch „backward chaining" bezeichnete Verfahren garantiert ein für die Motivation wichtiges, annähernd fehlerfreies Lernen, bei der die Unterstützung durch den Therapeuten schrittweise von 100 Prozent auf 0 Prozent reduziert wird.

Therapiestudien zur kognitiven Rehabilitation

Zahlreiche in unseren Einrichtungen in den letzten Jahren durchgeführte Therapiestudien konnten die Wirksamkeit verschiedener Strategien der kognitiven Rehabilitation auch bei erheblich beeinträchtigten Alkoholabhängigen nachweisen. Dabei waren bemerkenswerte Entwicklungen einzelner Abhängiger weit jenseits der Spontanerholungsphase zu beobachten (Steingass, 1994). Eine Erkenntnis der Untersuchungen war leider jedoch auch, dass das Gelernte sehr spezifisch blieb. Der Transfer auf vergleichbare Situationen und Generalisierungen fanden nur in geringem Umfang statt. Insofern muss bei der Therapieplanung angesichts meist begrenzter Ressourcen seitens des Klienten immer die Frage gestellt werden, mit welchen wesentlichen Kompetenzen er einen für ihn maximalen Grad von Unabhängigkeit und Autonomie erreichen kann. So ist es für einen Bewohner unserer Einrichtung zweifelsohne wichtiger, alleine den Weg zum nächsten Supermarkt (und zurück) zu finden und dort alleine einkaufen zu können, als perfekt Labyrinthaufgaben am Computer zu bewältigen oder lange Wortlisten auswendig reproduzieren zu können.

5.5 Indikative Gruppen

Indikative Gruppen erweitern das Betreuungsspektrum der soziotherapeutischen Einrichtungen um bezugsgruppenübergreifende Angebote. Sie bieten spezielle Förderung und Unterstützung für Bewohner mit entsprechendem Bedarf oder Defiziten.

Indikation

Kriterium für die Teilnahme an einer der indikativen Gruppen ist der therapeutische Nutzen der Förderungs- und Entwicklungsmöglichkeiten für den jeweiligen Bewohner mit seinen ganz individuellen Schwierigkeiten. Die Entscheidung für die Teilnahme an einem indikativen Angebot wird im Rahmen der Therapieplanung vom Bewohner und seinem Betreuer gemeinsam getroffen.

Zielsetzung

Ziel der *indikativen Gruppen* ist es, Bewohnern mit spezifischen Problembereichen ein gezieltes und auf ihre Schwierigkeiten zugeschnittenes Betreuungsangebot zu machen. Auseinandersetzung mit den entsprechenden Themenbereichen, Wissensvermittlung sowie Erlernen und Einüben von Bewältigungsmustern und

-strategien sind Inhalte indikativer Gruppen. Sie sollen den Handlungsspielraum des Bewohners erweitern und ihm zu mehr Selbstwirksamkeit und Eigenverantwortung verhelfen.

Inhalte von indikativen Gruppen

Das Spektrum der indikativen Gruppen ist in den Einrichtungen unterschiedlich. Nicht alle Gruppen werden in jeder Einrichtung angeboten.
Folgende *indikative* Gruppen werden angeboten:

- Suchtinformationsgruppe
- Selbstsicherheitstraining und Training sozialer Kompetenz
- Entspannungstraining
- Hygienetraining
- Gesundheitsgruppe
- Diabetikergruppe
- Alphabetisierungsgruppe
- Frauengruppe
- Männergruppe
- Seniorengruppe
- Musik erleben (Musiktherapie)
- Körperwahrnehmung (Motopädagogik)
- Raucherentwöhnung
- Gewichtsreduktion.

Rahmenbedingungen

Indikative Gruppen werden meist als geschlossene Gruppen geführt, da ihre Inhalte einem bestimmten Programmaufbau folgen. Ein Neueinstieg ist somit erst zu Beginn einer neuen Serie möglich. Einige indikative Gruppen werden als kontinuierliche und begleitende Betreuungsmaßnahmen angeboten. Eine dauerhafte Teilnahme daran ist sinnvoll (z.B. Diabetikergruppe). Indikative Gruppen finden meist wöchentlich statt, einzelne Gruppen tagen in anderen Abständen.
Die Gruppen werden von geeigneten qualifizierten Mitarbeiten durchgeführt.

5.6 Neigungsgruppen

Hier gibt es keine Zwänge, hier steht Spaß im Vordergrund. Neigungsgruppen knüpfen an bestimmten Interessen, Neigungen und Fähigkeiten der Bewohner an.

Zielsetzung

Die Teilnahme an *Neigungsgruppen* soll in erster Linie Freude machen. In den Neigungsgruppen stehen Aktivitäten im Vordergrund, die Erfolgserlebnisse vermitteln und so Selbstbewusstsein und Selbstvertrauen stärken. Interessen und Ressourcen, die im Verlauf der Abhängigkeitsentwicklung verlorengegangen sind, können durch die Neigungsgruppen reaktiviert werden, aber auch neue Vorlieben und Fähigkeiten entdeckt werden. Neigungsgruppen fördern die Entwicklung von Hobbys und geben Anregung für die individuelle Freizeitgestaltung. Bewohner werden ermuntert, eigene Vorschläge und Ideen für Neigungsgruppen einzubringen. Kriterien für die Entscheidung zur Teilnahme an einer der Neigungsgruppen sind ausschließlich Spaß oder Interesse des Bewohners am jeweiligen Angebot.

Die *Neigungsgruppen* lassen sich inhaltlich bestimmten Bereichen zuordnen.

Unter „*Sport und Bewegung*" fallen folgende Gruppen:
- Spazieren gehen
- Geh- und Lauftraining
- Wandern
- Rad fahren
- Schwimmen
- Kanu
- Bogenschießen
- Badminton
- Basketball
- Tischtennis
- Fußball
- Kegeln
- Tanzen
- Fit im Alter
- Sportspiele

Unter den Bereich „*Kreatives Gestalten*" lassen sich folgende Gruppen fassen:
- Fotogruppe
- Malen
- Basteln
- Handarbeit
- Tiffany Glasarbeiten

Eher „*handwerklich*" ausgerichtete Gruppen sind:
- Holzarbeiten
- Garten
- Back-/Kochgruppe

Im Bereich „*Musik*" werden angeboten:
- Singen
- Musizieren mit Instrumenten

- Sambagruppe
- Trommeln

An *„Spielegruppen"* existieren:
- Schach-AG
- Spielegruppe/Gesellschaftsspiele
- Theatergruppe

Folgende *„Gesprächskreise"* finden statt:
- Früher-Themen, Geschichten, Erlebnisse von gestern
- Politik
- Religiöser Gesprächskreis

Des Weiteren bestehen folgende Neigungsgruppen:
- Hauszeitungsgruppe
- Kosmetikgruppe
- Englisch
- (Vor)lesen

Darüber hinaus werden von den Bewohnern auch externe kulturelle Angebote wahrgenommen. Zu nennen wären hier etwa Volkshochschule, Theater, Kino, Konzert, Museum, Disco, Tanztee oder Tanzkurs.

Rahmenbedingungen

Die meisten Neigungsgruppen werden fortlaufend angeboten, sie sind offen, so dass ein Ein- oder Ausstieg jederzeit möglich ist. Sie finden meist wöchentlich statt, einzelne Gruppen in anderen Abständen.

Die Teilnehmerzahl für Neigungsgruppen ist innerhalb einer Mindest- und Maximalbegrenzung meist variabel. Alle Neigungsgruppen werden von Mitarbeitern angeleitet und begleitet. Im günstigsten Fall bringen Mitarbeiter ihre eigenen Interessen und Hobbys in die Neigungsgruppenarbeit ein. Der Gewinn und der Transfer von Wissen, Kenntnissen, Informationen, Spaß und Unterhaltung ist so für alle Beteiligten am größten.

6 Mitarbeiter

Gute Qualifikation ist unerlässlich. Nach § 6 der Verordnung über personelle Anforderungen für Heime (HeimPersV) müssen Fachkräfte eine Berufsausbildung abgeschlossen haben, die Kenntnisse und Fähigkeiten zur selbständigen und eigenverantwortlichen Wahrnehmung der von ihnen ausgeübten Funktionen und Tätigkeiten vermittelt. Diesen Anforderungen genügen unsere Mitarbeiter ausnahmslos.

Personalbemessung und Berufsbilder

Wir arbeiten Hand in Hand. Aus dem Betreuungskonzept ergibt sich die Notwendigkeit zu multiprofessionell und interdisziplinär besetzten Teams. Die Mitarbeiter in den soziotherapeutischen Einrichtungen verfügen über breit gefächerte Qualifikationen. Die Personalbemessung richtet sich einmal nach der bereits oben erwähnten Heimpersonalverordnung, sie ergibt sich zum anderen aus der Besonderheit der Klientengruppe, die in unseren Einrichtungen betreut wird.

In den soziotherapeutischen Heimen sind die folgenden Berufsgruppen beschäftigt:

Heimleiter und Stellvertreter sind in der Regel approbierte Diplom-Psychologen oder Sozialpädagogen mit klinischer Ausbildung. Die Gruppen werden von Diplom-Sozialarbeitern, Diplom-Sozialpädagogen, Heilpädagogen oder Diplom-Pädagogen mit therapeutischen Zusatzqualifikationen geleitet.

Die medizinische und pflegerische Versorgung erfolgt durch examiniertes Pflegepersonal. Die Anzahl der Beschäftigten im medizinischen Bereich ist abhängig von der im Konzept der jeweiligen Einrichtung bereitgestellten Plätze für pflegeintensivere Bewohner. Die Nachtbesetzung wird in der Regel ebenfalls von diesen Berufsgruppen abgedeckt.

Die Beschäftigungs – und Arbeitstherapie wird von Ergotherapeuten, Arbeitserziehern sowie in der Behindertenarbeit qualifizierten Handwerkern geleitet.

Sport- und Bewegungstherapie wird von Diplom-Sportlehrern, Motopädagogen, Sporttherapeuten oder Gymnastiklehrern durchgeführt.

In der Küche und im hauswirtschaftlichen Bereich sind Köche, Diplom-Ökotrophologen, Hauswirtschafter sowie Küchen- und Putzhilfen beschäftigt. Die Anzahl richtet sich nach Art der Verpflegung (Selbstverpflegung oder Fremdverpflegung) und Größe der Einrichtung.

Für die Wartung und Instandhaltung der Gebäude und des Geländes ist ein Hausmeister zuständig, der in einem handwerklichen Beruf ausgebildet ist. Alle Handwerker und hauswirtschaftlichen Mitarbeiterinnen haben auch Anleitungsfunktion im arbeitstherapeutischen Bereich. Berufsbegleitende Fort- und Weiterbildungen unterstützen diese Mitarbeiter, qualifizierte Kenntnisse für diesen Bereich zu erlangen und sie bei ihren zunächst berufsfremden Aufgaben zu begleiten. Verwaltungsangelegenheiten werden von ausgebildeten Verwaltungsfachangestellten übernommen. In allen Einrichtungen arbeiten Zivildienstleistende in verschiedenen Arbeitsfeldern.

In vertraglich festgelegter Kooperation übernehmen jeweils ein Facharzt für Allgemeinmedizin oder Innere Medizin und ein Facharzt für Neurologie und Psychiatrie die medizinische Versorgung unserer Bewohner. Dazu gehören auch wöchentliche Sprechstunden im Haus.

Personalentwicklung (Fort- und Weiterbildung, Supervision, institutionelle Beratung)

Unter Personalentwicklung verstehen wir die Gesamtheit der Maßnahmen und Aktivitäten, die der beruflichen und persönlichen Entwicklung der Mitarbeiter dienen. Da alle unsere Mitarbeiter im engeren oder weiteren Sinn therapeutisch mit den ihnen anvertrauten Menschen arbeiten, ist uns die Persönlichkeitsentwicklung des Mitarbeiters wichtig. Die Kontakt- und Beziehungsarbeit des Bezugstherapeuten und seine Fähigkeit, das alltägliche gemeinsame Leben und Erleben, die Normalität des Alltags in den Heimalltag zu integrieren, steht im Vordergrund. Die Entwicklung individueller Stütz- und Hilfssysteme zur Bewältigung der ganz alltäglichen Anforderungen verlangt ein hohes Maß an Professionalität. Wir legen Wert auf optimale Ausbildung unserer Mitarbeiter und fördern daher qualifizierte und praxisbezogene Fort- und Weiterbildung. Dabei sind wir nicht auf bestimmte Ausbildungsgänge oder Therapieverfahren festgelegt. Wir empfinden und erleben die Unterschiedlichkeit unserer Mitarbeiter (in ihren Ausbildungsgängen und bevorzugten Therapieverfahren) als Belebung, Bereicherung und Erweiterung des therapeutischen Handlungsspielraums. Die Liste der Therapieverfahren umfasst Verhaltenstherapie, Gesprächspsychotherapie, systemische Familientherapie, Psychodrama, Gestalttherapie und die eher handlungsbezogenen Arbeitsansätze der Soziotherapie. Wichtiger als die Therapierichtung ist uns jedoch die therapeutische Grundhaltung, die durch Achtung und Wertschätzung unserer Bewohner und ihrer Lebensgeschichten geprägt ist.

Wir erwarten und fördern bei unseren Mitarbeitern ein hohes Maß an Selbstreflexion und die Bereitschaft, sich mit seinen eigenen Stärken und Schwächen auseinanderzusetzen. Der professionelle Umgang hinsichtlich der gleichermaßen notwendigen Nähe und Distanz zu den Bewohnern erfordert die ständige Überprüfung und Weiterentwicklung des eigenen therapeutischen Handelns.

Fort- und Weiterbildung werden nicht nur im therapeutischen Bereich großgeschrieben. Sie umfassen auch andere Bereiche, wie regelmäßige Wiederholungen von Erste-Hilfe-Kursen, EDV-Schulungen, Schulungen des hauswirtschaftlichen

Personals und Weiterbildung der nicht therapeutisch ausgebildeten Mitarbeiter. Diese brauchen neben ihrer fachspezifischen Ausbildung Handwerkszeug und Know-how im Umgang mit den doch sehr unterschiedlichen und facettenreichen Krankheitsbildern der Bewohnern.

Supervision oder Organisationsberatung wird grundsätzlich durch institutionell unabhängige Berater durchgeführt. Sie sind in allen unseren Einrichtungen obligatorisch und dienen der Verbesserung der Arbeitszufriedenheit und damit auch der Verbesserung der Leistungsfähigkeit. In unseren Einrichtungen nehmen nicht nur therapeutische Mitarbeiter an Supervisionen und Fortbildungen teil; die Teilnahme und das Engagement aller in der Einrichtung tätigen Mitarbeiter ist gewünscht.

Verantwortlichkeiten und Teamstruktur

Klare Strukturen sind wichtig. Als Verantwortung wird die Verpflichtung und Bereitschaft des Mitarbeiters verstanden, persönlich für sein Handeln in seinem Arbeitsfeld einzustehen. Zur Übernahme der Verantwortung gehören klar definierte und festgelegte Kompetenzen. Für jede Berufsgruppe liegen Stellenbeschreibungen vor, die die Aufgaben und Handlungsspielräume festlegen. Darüber hinaus ist für jeden Stelleninhaber dessen Stellvertretung bei Abwesenheit geklärt. Die Teamstruktur ist abhängig von den spezifischen Bedingungen und therapeutischen Schwerpunkten der jeweiligen Einrichtung. Täglich finden strukturierte und zeitlich festgelegte Teamsitzungen in unterschiedlicher Besetzung statt.

Obligatorisch ist das Früh- oder Übergabeteam, welches dem Informationstransfer von der Nachtwache zum Tagesdienst dient, die eher strukturellen Belange regelt und Möglichkeiten zu zeitlichen und organisatorischen Absprachen bietet. Die therapeutischen Teams finden in der Regel mit denjenigen Mitarbeitern statt, die mit einer überschaubaren Bewohnergruppe arbeiten und hier im Detail Betreuungspläne und Interventionen entwickeln. Darüber hinaus gibt es weitere interdisziplinäre Teams und Arbeitsbesprechungen innerhalb bestimmter Berufsgruppen.

Leitungsverantwortung und Führungsgrundsätze

Der Leitung obliegt die Gesamtverantwortung für die Qualität der in der Einrichtung geleisteten Arbeit. Sie ist verantwortlich für Aufnahme, Belegung, Betreuungsinhalte, Personalauswahl und Personaleinsatz sowie wirtschaftliche Planung und Überwachung. Sie unterliegt damit in besonderem Maße der Verpflichtung, den Betreuungsauftrag zu erfüllen und die Umsetzung der Ziele und Vorgaben der Einrichtung zu gewährleisten. Sie bringt ihr Fachwissen und persönliches Engagement ein, um die Lebensqualität der Bewohner zu verbessern und darüber hinaus eine hohe Arbeitsqualität für die Mitarbeiter zu sichern.

Sie übernimmt die Verantwortung für die Anerkennung und Einhaltung beruflicher und persönlicher Grenzen. Kollegen und Mitarbeitern begegnet sie mit Respekt und Achtung vor unterschiedlichen Theorien, Methoden und Arbeitsweisen. Von seinen Mitarbeitern erwartet sie, dass sie sich einer fachlich qualifizierten Kontrolle und Bewertung stellen. Sie schützt Bewohner wie Mitarbeiter vor unfachlicher Bewertung und Behandlung.

Mitarbeitervertretung

Die Einrichtungen der AHG haben eine gewählte Mitarbeitervertretung. Der Betriebsrat besteht je nach Größe der Einrichtung aus ein bis drei Mitgliedern. Seine Aufgaben ergeben sich aus dem Betriebsverfassungsgesetz.

Die Mitbestimmung und Mitverantwortung des Betriebsrates wird geschätzt. Es finden regelmäßige Besprechungen über alle aktuellen und grundsätzlichen relevanten Themen statt. Die Zusammenarbeit erfolgt auf der Basis der gesetzlichen Vorschriften vertrauensvoll und offen.

7 Kooperation und Vernetzung

Jede unserer soziotherapeutischen Einrichtungen ist einerseits Glied im Gesamt-
behandlungssystem für Abhängige, andererseits integraler Bestandteil der Gemeinde, in der die jeweilige Einrichtung angesiedelt ist. Daraus ergibt sich die
Notwendigkeit und Verpflichtung zu intensiver Zusammenarbeit mit allen Beteiligten der Suchtkrankenversorgung und zur Integration in das soziale Umfeld.

Soziotherapeutische Einrichtungen als Teil des Gesamtversorgungssystems

Die soziotherapeutischen Einrichtungen sind Teil des Gesamtversorgungsnetzes
für suchtkranke Menschen. Im Interesse einer effektiven Arbeit ist eine transparente, konstruktive und patientenorientierte Kooperation mit einweisenden, nachsorgenden oder sonstigen an der Versorgung unserer Bewohner beteiligten Institutionen oder Personen notwendig. Durch diese Zusammenarbeit bilden sich Vernetzungen und Kooperationsstrukturen, die ausgebaut und gepflegt werden müssen.

Bei den zuweisenden Stellen betrifft dies insbesondere Psychiatrische Kranken-
häuser, Landeskrankenhäuser, Allgemein- und Akutkrankenhäuser, Fachkliniken,
Altenheime, Beratungsstellen, Gesundheitsämter oder amtlich bestellte Betreuer.
Bei den nachsorgenden Stellen sind dies ebenfalls Altenheime, Ambulante Dienste,
Beratungsstellen, Betreuer sowie Einrichtungen des Betreuten Wohnens und im
Einzelfall auch Psychiatrische Krankenhäuser.

Gut funktionierende und etablierte Kooperationsbeziehungen bestehen sowohl
zu Kosten- und Leistungsträgern, mit denen auch unsere inhaltlichen Konzepte
abgestimmt werden, als auch zu anderen Institutionen des administrativen Bereiches wie Sozialämtern, Heimaufsicht, Gesundheitsämtern, Krankenkassen und
Rentenstellen.

Verantwortliche Mitarbeiter beteiligen sich regelmäßig und aktiv an Gremien,
Fachausschüssen, Planungs- und Arbeitsgruppen der gesundheitspolitischen Organisation und Koordination wie psychosozialen Arbeitsgemeinschaften, Inter-
kliniktreffen etc.

Wissenschaftliche Vernetzung

Es bestehen enge wissenschaftliche Kooperationsbeziehungen zu anderen psychiatrischen Institutionen, Fachkliniken und Krankenhäusern sowie zu Universitäten,
Fachhochschulen, Forschungseinrichtungen und Ausbildungsinstitutionen. Im Fach-

verband Sucht[3], im Wissenschaftsrat der AHG[4], im „Netzwerk Psychologische Suchtforschung"[5] und anderen Fachgremien werden neben regelmäßigem fachlichem Austausch auch gemeinsame praxisbezogene Forschungsvorhaben realisiert.

Die Ergebnisse unserer Arbeit wie konzeptionelle oder fachliche Weiterentwicklungen, neue Ansätze, spezielle Behandlungsangebote und Forschungsergebnisse stellen wir in eigenen und fremden Publikationen[6] oder auf Tagungen und Kongressen wie dem jährlich vom „Fachverband Sucht" veranstalteten Heidelberger Kongress, den Hamburger oder Tübinger Suchtkongressen etc. der Fachöffentlichkeit vor. Regelmäßig veranstalten wir Seminare, Workshops und Tagungen wie die „Krefelder Fachtagung für Soziotherapie", auf denen wir unsere Arbeit vorstellen und unsere Erfahrungen weitergeben.

Durch die offene und transparente Darstellung unserer Erfahrungen und Erkenntnisse haben wir in den letzten 20 Jahren wesentliche Anstöße für die Weiterentwicklung im soziotherapeutischen Bereich gegeben.

Die soziotherapeutische Einrichtung als Bestandteil der Gemeinde

Auf die Bedeutung der guten Integration der soziotherapeutischen Heime in die Gemeinde und das Wohnumfeld wurde bereits an anderer Stelle (Kap. 3.1) hingewiesen. Vor Ort bestehen gute Beziehungen zu Ämtern, Behörden, Vereinen und Kirchen sowie kulturellen und sportlichen Einrichtungen. Auch der Kontakt zur unmittelbaren Nachbarschaft wird gepflegt. Die Bewohner sind innerhalb ihres Wohnumfeldes gut integriert.

Es bestehen gute und enge Vernetzungen und Kooperationen mit der lokalen medizinischen Versorgung, Krankenhäusern, niedergelassenen Ärzten, Massage- und Krankengymnastikpraxen, Apotheken und sonstigen medizinischen und psychosozialen Einrichtungen.

---

3 Der Fachverband Sucht e.V. (FVS) ist ein bundesweit tätiger Verband, in dem Einrichtungen zusammengeschlossen sind, die sich der Behandlung, Versorgung und Beratung von Suchtkranken widmen. Der FVS fördert die Verbreitung wissenschaftlicher Erkenntnisse über Ursachen und Entwicklungsbedingungen von Sucht, die Wirksamkeit bestehender Behandlungs- und Versorgungsangebote und verschiedener Behandlungsmethoden.

4 Dem Wissenschaftsrat der AHG gehören die leitenden Mitarbeiter der Bereiche Therapie und Verwaltung der AHG-Allgemeine Hospitalgesellschaft – Klinikgruppe und Wissenschaftler aus dem Bereich der Rehabilitation an.

5 Das Netzwerk „Psychologische Suchtforschung" versteht sich als informeller Zusammenschluss von Kollegen, die sucht- und abhängigkeitsbezogene Forschung an Universitäten, Fachhochschulen und Praxiseinrichtungen aktiv betreiben. Ziele sind u.a. die Förderung des fachlichen Austauschs der in der Suchtforschung Beteiligten und die Kooperation der Netzwerkmitglieder hinsichtlich konkreter Forschungsvorhaben.

6 „Verhaltensmedizin Heute" – Schriftenreihe des Wissenschaftsrates der AHG.

8 Evaluation und wissenschaftliche Begleitung

Uns interessieren die Ergebnisse unserer Arbeit. Evaluation in unseren soziotherapeutischen Einrichtungen ist anwendungsbezogen, ziel- und zweckorientiert. Sie ermöglicht auf der Grundlage einer systematischen Datenerhebung die Beurteilung der therapeutischen Arbeit hinsichtlich des Aufwandes, der Effektivität, der Wirksamkeit und Angemessenheit. Die Arbeitsergebnisse werden in Jahresberichten der Öffentlichkeit zugänglich gemacht. Dadurch wird unsere Arbeit transparent, überprüf- und vergleichbar.

Mit evaluativen Methoden können Informationen und Erkenntnisse für Planungs- und Entscheidungsprozesse gewonnen werden, die die Optimierung der therapeutischen Arbeit zum Ziel haben. Neue diagnostische Instrumente und innovative therapeutische Methoden können erprobt und auf ihre Brauchbarkeit und Effektivität überprüft werden. Evaluation ist insofern ein Instrument der Qualitätssicherung.

Basisdokumentation (BADO)

Seit 1987 wird in unseren soziotherapeutischen Einrichtungen ein speziell für die bei uns behandelte Zielgruppe entwickeltes Basisdokumentationsinstrument (Steingass und Verstege, 1993) eingesetzt. Aufgrund der zum Teil sehr langfristigen Aufenthaltsdauer sind für unsere Bewohner weniger Kriterien wie Abstinenz, berufliche und soziale Integration außerhalb der Einrichtung zur Beurteilung des Therapieverlaufs relevant, als vielmehr die Dokumentation des Erlernens bzw. Wiedererlernens von lebenspraktischen Fähigkeiten und Fertigkeiten auf den verschiedensten Ebenen. Abstinenz etwa wird nicht wie in anderen Dokumentationssystemen als das zentrale Erfolgskriterium betrachtet, da viele Abhängige unter stationären und beschützenden Bedingungen verhältnismäßig leicht abstinent bleiben können. Mit der BADO werden folgende Informationen erhoben:

- Soziodemographische Variablen
- Schulischer und beruflicher Werdegang
- Informationen zur Suchtkarriere
- Angaben zu Vorbehandlungen
- Informationen zu sonstigen Erkrankungen und Beeinträchtigungen
- Einstellungen, Haltungen, Erwartungen etc.
- Psychosoziale Kompetenzen
- Lebenspraktische Fähigkeiten und Fertigkeiten

Die Basisdokumentation erfasst neben unveränderlichen Variablen zur Person auch solche Bereiche, die im Verlauf des Aufenthaltes einer Veränderung unterworfen sind, insbesondere die der psychischen, sozialen und lebenspraktischen

Kompetenzentwicklung. Die Informationen werden wie bei den sogenannten ADL-Skalen (Activities of Daily Living) durch systematisierte Verhaltensbeobachtungen gewonnen.

Das Instrument (s. Anhang 3) wird nach statistischer und methodischer Überarbeitung als in einigen Teilen mit der „Basisdokumentation Sucht" (Ott et al., 1997) kompatibles Instrument seit Anfang 1999 in einer neuen Version als „BADO '99 – Basisdokumentation Sucht/Soziotherapie" (Fachausschuss Soziotherapie, 1999) im gesamten soziotherapeutischen Bereich routinemäßig eingesetzt. Durch gleiche Kodierungen der soziodemographischen und krankheitsbezogenen Daten ist Vergleichbarkeit mit anderen klinischen Stichproben gewährleistet.

Neben dem Nutzen für die systematische Erfassung von Bewohnervariablen und die Dokumentation des individuellen Therapieverlaufs für den jeweiligen Betreuer bietet die Basisdokumentation sowohl für die einzelnen Einrichtungen als auch für die Gesamtgruppe der Einrichtungen die Möglichkeit eines leichten Überblicks über Zahl, Art und Entwicklung der Patienten. Sie gibt auch Hinweise auf strukturelle Veränderungen in Bezug auf Art und Ausmaß von Veränderungen der Bewohnerpopulation, auf die gegebenenfalls mit einem veränderten oder anders ausgerichteten Angebot seitens des Einrichtung reagiert werden kann.

Die mit der Basisdokumentation erhobenen Daten dienen u.a. zur Beurteilung von Langzeiteffekten soziotherapeutischer Behandlung (Steingass, 1994; Lehmann, 1997).

Behandlungsstudien

Im Rahmen von eigenen Studien und inzwischen mehr als zwanzig von Mitarbeitern der Einrichtungen betreuten Diplomarbeiten und Dissertationen (s. „Themenbezogene Veröffentlichungen aus den soziotherapeutischen Einrichtungen" im Anschluss an das Literaturverzeichnis) wurden zahlreiche anwendungsorientierte Untersuchungen zu diagnostischen, therapeutischen und statistischen Fragestellungen durchgeführt. Grundsätzlich werden nur praxisrelevante Themen untersucht. Forschungsgegenstand und Themenbereiche ergeben sich unmittelbar aus der Arbeit und sind für diese von Bedeutung. Ergebnisse, Erkenntnisse und Schlussfolgerungen aus den Studien führen zu Neu- und Weiterentwicklungen diagnostischer Verfahren und therapeutischer Interventionsstrategien und fließen unmittelbar in die klinische Praxis zurück.

9 Qualitätsmanagement (QM)

Die Bewohner der soziotherapeutischen Einrichtungen der AHG stehen im Mittelpunkt aller Bemühungen des Mitarbeiterteams sowie des Managements.

An erster Stelle unserer Qualitätsgrundsätze steht daher die qualifizierte, zielorientierte, innovative und effiziente Betreuung der Bewohner.

Die Grundlagen unserer Arbeit sind in unserer Unternehmensphilosophie und in den einzelnen Betreuungskonzepten formuliert. Wir verstehen unsere Unternehmensphilosophie als die Summe unserer gemeinsamen Grundwerte, Normen und Denkhaltungen, die das Verhalten aller Mitarbeiter prägen und das Erscheinungsbild nach außen mitgestalten. Wir legen damit den Maßstab fest, mit dem wir die Qualität unserer Betreuungskonzepte selbst messen und uns messen lassen.

Gesetzgeber, Kostenträger, zuweisende Stellen und die weiteren Partner in der Betreuungskette erwarten als Ergebnis unserer Arbeit die Beseitigung oder Milderung der Behinderung unserer Patienten sowie die Reduzierung der daraus resultierenden Auswirkungen und die Ermöglichung oder Erleichterung ihrer möglichst gesunden und zufriedenen Teilnahme am Leben in der Gemeinschaft.

Wir bieten mit innovativen und effizienten soziotherapeutischen Verfahren für unsere Kunden eine zielorientierte Leistung zu einem kostenbewussten Preis.

Im Jahre 1998 wurde schrittweise mit der Einführung eines strukturierten und systematischen Qualitätsmanagements in allen Einrichtungen der AHG begonnen; die Umsetzung ist für alle Kliniken und komplementären Einrichtungen bis 2001 geplant. Die Einführung eines Qualitätsmanagement-Systems endet mit der Zertifizierung auf der Grundlage der DIN-EN-ISO 9001 nach den DEGEMED Qualitätsgrundsätzen (DEGEMED, 1998[7]).

Darüber hinaus verstehen wir das Qualitätsmanagement als einen permanenten Prozess der dynamischen Weiterentwicklung unserer Arbeit. Eine konsequente Qualitätspolitik sichert und verbessert die Qualität unserer soziotherapeutischen Arbeit.

Wir erreichen und entwickeln dadurch:

- die Qualität der Behandlung für den Bewohner
- die Qualität der Arbeit für den Mitarbeiter
- die Qualität der Dienstleistung für die Kosten- und Leistungsträger.

Das systematische Qualitätsmanagement ermöglicht darüber hinaus eine verbesserte Dokumentation der geleisteten Arbeit.

Dabei wirkt das Qualitätsmanagement stets in zwei Richtungen:

---

7 QM-Handbuch der DEGEMED (Deutsche Gesellschaft für Medizinische Rehabilitation), zu beziehen bei der DEGEMED, Busch 22, 53113 Bonn

- nach innen als Lenkungs- und Steuerungsmittel für alle Arbeitsprozesse
- nach außen dient es der Darstellung unserer Unternehmensleistung und schafft Vertrauen bei Kunden (Bewohnern, Kostenträgern, zuweisenden Stellen, weiteren Partnern).

Somit bilden Binnenfunktion und Außenwirkung eine eng miteinander verknüpfte funktionale Einheit.

Mit der Größe der Organisation wächst sowohl die Zahl der Strukturelemente, die berücksichtigt, als auch die Zahl der Interaktionsprozesse, die erfasst werden müssen. Die Installierung des Qualitätsmanagement-Systems wirkt nach innen:

- auf die strukturelle Arbeit
- auf die operative Arbeit
- auf die Wechselwirkung zwischen struktureller und operativer Arbeit.

Strukturelle Arbeit

Kluge innerbetriebliche Strukturierung, planvolle Organisation und sinnvolle Optimierung der Ressourcen sind grundlegende Bausteine jeglicher Qualifizierungsbestrebungen. Übertragen auf die tägliche Arbeit heißt das:

- Teamarbeit wird in Bezug auf Zeitökonomie, Ressourcennutzung, Fehlererkennung und Fehlervermeidung hin geprüft und verbessert
- Präzisierung des Leistungskataloges
- Organisatorische Abläufe werden vereinheitlicht und dadurch vereinfacht
- Optimale Vernetzung der einzelnen Bereiche steht für Transparenz und kurze Kommunikationswege; Schnittstellen werden deutlich gemacht
- Optimierung des Informationsflusses verbessert die Kooperation und sorgt für klare Aufgabenverteilung.

Die Arbeitsprozesse innerhalb einer Einrichtung sind strukturell so organisiert, dass die Arbeit nach anerkannten fachlichen Regeln erledigt und die Abläufe so organisiert werden, dass möglichst keine Fehler gegenüber dem Leistungsberechtigten entstehen.

Operative Arbeit

Mit der internen Verbesserung der Dienstleistung für den Bewohner gewinnt die Zufriedenheit der Bewohner zentral an Bedeutung. Die Steigerung der Arbeitsqualität heißt somit auch: mehr Zeit für die direkte Betreuung zu haben. In einem freundlichen und kundenorientierten Klima ist Raum und Zeit, die Mitarbeiter und Bewohner gemeinsam nutzen können.

Bei den operativen Prozessen besteht eine direkte Zusammenarbeit mit dem Bewohner; er ist effektiv an der Planung und den Abläufen beteiligt. In der Prozessbeschreibung des Betreuungsverlaufes werden seine Wünsche, Möglichkeiten, Hoffnungen und Perspektiven dokumentiert, mit ihm fortgeschrieben und weiterentwickelt.

Fachliche Kompetenz, gepaart mit positiver Grundeinstellung hinsichtlich der Akzeptanz und Wertschätzung des lebensgeschichtlichen Hintergrundes des Bewohners bilden den Rahmen, seine Ziele und Teilziele zu aktivieren, um den Betreuungsplan zu entwickeln und gemeinsam mit ihm, unter Berücksichtigung seiner verbleibenden Ressourcen, ein Hilfs- und Stützsystem zu erarbeiten.

Die Arbeit mit Menschen erfordert eine ständige und immer wiederkehrende Reflexion der Arbeit, Fragen danach, ob Ziele und Inhalte noch stimmen und ob und wie das fachliche Ziel erreicht wird.

Die präzise Dokumentation von strukturellen Prozessabläufen aller Bereiche innerhalb der Einrichtung und ein auf den jeweiligen individuellen Menschen zugeschnittenes nachvollziehbares Betreuungskonzept sind also die Grundlagen eines Qualitätsmanagement-Systems.

Wechselwirkung zwischen struktureller und operativer Arbeit

Weitere interne Ziele ergeben sich aus der Wechselwirkung zwischen struktureller und operativer Arbeit. Angestrebt wird die Transparenz der Arbeit, die Klärung von Zuständigkeiten, die Klarheit der Organisationsabläufe und die Einheitlichkeit der verwendeten Begriffe.

Die interne Qualitätsverbesserung fordert und fördert neben den o.g. Zielen die berufliche und persönliche Entwicklung jedes Mitarbeiters. Er ist an der Entwicklung des QM-Systems für die Einrichtung maßgeblich beteiligt, hat die Abläufe seines Fachbereichs erfasst und schriftlich festgehalten, auf Effizienz und Effektivität geprüft, optimiert und weiterentwickelt und setzt sich eigenverantwortlich für die Umsetzung der genannten Kriterien ein.

Die Identifikation mit dem Arbeitsbereich wird gefördert und somit seine Bindung an die Einrichtung gefestigt. Die festgeschriebenen Leitbilder der Einrichtung, die Verständigung auf gemeinsame Werte und Normen, sowie die regelmäßige Überprüfung der Methoden, die Reflexion der Ziele und Zeitpläne, das Aushandeln von neuen Handlungsstrategien, die stetige Überprüfung der Arbeitsabläufe, die Entwicklung neuer Handlungsspielräume und die intensive Auseinandersetzung mit dem einzelnen Betreuungsverlauf erwartet einen hohen professionellen Kenntnis- und Bildungsstand des Mitarbeiters in seinem Berufsfeld. Als Mitgestalter des Qualitätsmanagement-Systems tritt er intern sowie extern selbstbewusster auf.

So wird über die Auswirkung der neuen Binnenfunktion die Wirkung der Einrichtung nach außen optimiert. Öffentlichkeitsarbeit und Außendarstellung bilden dabei einen weiteren Schwerpunkt des Qualitätsmanagements.

Für jede Einrichtung wird ein QM-Handbuch erstellt, das den Leistungsträgern ebenso wie den einweisenden Stellen und anderen Interessenten zur Verfügung gestellt wird. Darüber hinaus werden die konkreten Arbeitsabläufe in sogenannten Prozessbeschreibungen abgebildet, die auch Arbeitsanweisungen, Checklisten und aktuell gültige Formblätter enthalten.

In internen Audits und Reviews wird die Wirksamkeit und die Vollständigkeit der abgebildeten Dokumentationen überprüft.

Qualitätsmanagement ist ein fortlaufender Prozess und erfordert eine kontinuierliche Analyse und Verbesserung von Organisationsabläufen. So werden jährlich in Form eines Qualitätsberichtes die Prozessbeschreibungen, Standards und Ziele überprüft und aktualisiert. Diese Dokumente stehen allen Mitarbeitern zur Verfügung.

Die Einführung eines Qualitätsmanagements von der Basis, d.h. in Einbeziehung aller Mitarbeiter bedeutet nicht nur Überzeugungs- und Motivationsarbeit. In angstfreier Atmosphäre, gestützt und getragen durch die Leitung und professionelle QM-Berater kann Qualitätsmanagement als Möglichkeit gesehen werden, die Professionalisierung weiterzuentwickeln, neue und qualifizierte Arbeitsprofile zu erstellen und durch eigenverantwortliche Prozessdokumentation Wertschätzung zu erlangen.

Somit ist die Einführung eines Qualitätsmanagement-Systems als ein Entwicklungsschritt einer Organisation in Richtung weiterer Professionalisierung zu sehen und diese durch eine anerkannte Zertifizierung zu dokumentieren. Der sichtbare Erfolg der Arbeit, die von außen erkennbare Zweckerfüllung einer Einrichtung ist damit auch ein Zeugnis und ein Rechenschaftsbericht der von ihr geleisteten Arbeit.

10 Rechtliche Grundlagen

10.1 Anspruchsgrundlage

Der sozialrechtliche Rahmen für die Betreuung und Förderung der meisten unserer Bewohner ist das Bundessozialhilfegesetz (BSHG).

Bei Vorliegen entsprechender körperlicher und sozialer, einkommens- und vermögensrechtlicher Voraussetzungen besteht der Anspruch auf Eingliederungshilfe nach § 39 BSHG.

Diese Hilfegewährung hat im Wesentlichen zwei Aufgaben: Einmal eine drohende Behinderung zu verhüten und zum anderen eine bereits vorhandene Behinderung und deren Folgen zu beseitigen oder zu mildern. Dies beinhaltet drei wesentliche Ziele:

- Ermöglichen und Erleichtern der Teilnahme am Leben in der Gemeinschaft
- Ermöglichen einer beruflichen oder sonstigen angemessenen Tätigkeit und
- Unterstützung zur weitestgehenden Unabhängigkeit von Pflege.

Mit ganzheitlichen pädagogischen, sozialen, rehabilitativen und medizinisch-pflegerischen Interventionen soll auf die Veränderung oder Erhaltung eines bestehenden Zustandes hingearbeitet werden. Nach § 15 Eingliederungshilfe VO soll einem Menschen mit Behinderung „die für ihn erreichbare Teilnahme am Leben in der Gemeinschaft ermöglicht werden."

Ein ganz wesentlicher Bereich der Eingliederungshilfe zielt also auf eine Förderung des Behinderten zu einer möglichst selbständigen Lebensführung unter Lebensbedingungen, die dem Alltag nicht behinderter Menschen weitestgehend ähnlich und von Selbständigkeit und Eigenverantwortung geprägt sind.

10.2 Heimgesetz

Die soziotherapeutischen Heime und Therapiezentren unterliegen dem Heimgesetz (HeimG), das die Interessen und Bedürfnisse der Heimbewohner schützen und die Selbständigkeit und Selbstverantwortung der Bewohner wahren soll. Im Heimgesetz werden Mindestanforderungen definiert, die in gesonderten Rechtsverordnungen geregelt werden. Die Heimmindestbauverordnung (HeimMindBauV) formuliert bauliche Mindestanforderungen für Wohn-, Aufenthalts-, Therapie- und Wirtschaftsräume sowie der Verkehrsflächen und sanitären Anlagen. Die Heimpersonalverordnung (HeimPersV) definiert personelle Anforderungen an Leitung und Beschäftigte. Das Heimgesetz sieht weiterhin zwingend vor, dass zwischen Heimträger und künftigem Bewohner ein Heimvertrag zu schließen ist. Der Heimvertrag informiert über Leistungen, Ausstattung und Pflegesatz sowie über Rechte und Pflichten der Bewohner. Nach dem Willen des Gesetzgebers sollen die Interessen und Bedürfnisse der Heimbewohner über die Möglichkeit der Mitwirkung in Angelegenheiten des Heimbetriebes zusätzlich geschützt werden. In der Heimmitwirkungsverordnung (HeimmitwV) wird die Bildung und Zusammensetzung von Heimbeiräten, deren Anzahl, Amtszeiten, Aufgaben und Mitwirkungsmöglichkeiten geregelt.

10.3 Heimvertrag/Hausordnung

Der Heimvertrag regelt das Verhältnis zwischen Bewohner und Träger der Einrichtung, die Hausordnung umfasst alle Regelungen, die für das Zusammenleben einer größeren Gruppe von Menschen unter einem gemeinsamen Dach wichtig sind (Beispiel s. Anhang 10).

Die Hausordnung (Beispiel s. Anhang 11) und andere Regeln sind keine Sanktionsinstrumente, sondern Grundlage (oder „Grundgesetz") für das Zusammenleben und schützender Rahmen für jeden Bewohner. Dazu gehören auch gelegentliche Alkohol- und Zimmerkontrollen.

10.4 Mitwirkung

Neben der Verantwortung, die alle Bewohner mittragen, weil sie zur Hausgemeinschaft gehören, übernehmen einige als Gruppensprecher oder im gewählten Heimbeirat Aufgaben, die gesetzlich vorgegeben sind. Sie beraten mit der Heimleitung über größere Maßnahmen und Veränderungen in der Einrichtung, besprechen mit der Heimleitung die ihnen vorgetragenen Verbesserungsvorschläge oder Beschwerden und beteiligen sich aktiv bei der Gestaltung des Lebens in der Einrichtung.

Literatur

Aernout, J.R. (1990). Arbeitstherapie. Eine praxisnahe Einführung, Weinheim: Beltz-Verlag.

Berg, I.K., Miller, S.D. (1993). Kurzzeittherapie bei Alkoholproblemen, Heidelberg: Carl-Auer-Systeme.

Bosch, G. (1967). Psychotherapie und Soziotherapie. Sozialpsychiatrische Texte: 2: 111–124.

Bockoven, J.S. (1963). Moral Treatment in American Psychiatry, New York: Springer.

Bühringer, G. (1990). Individualisierung der Suchttherapie – Forschung und Praxis. In Heide, M. (Hrsg.), Individualisierung der Suchttherapie. Saarbrücken: Dadder.

Bundesministerium für Familie und Senioren, Bonn, Verordnung über personelle Anforderungen für Heime (HeimPersV) vom 19. Juli 1993.

Caudill, W., Redlich, F.C., Gilmore, H.R., Brody, W.B. (1970). Social structure and interaction processes on a psychiatric ward. In: Polsky, H. W., Claster, D. S., Goldberg, C., Social systems perspectives in residential institutions, East Lancing: Michigan State University Press.

Clark, D. H. (1977). Soziotherapie in der Psychiatrie, Freiburg/Br: Lambertus.

Conolly, J. (1856). The treatment of the insane without mechanical restraints. London.

Cumming, J., Cumming E. (1979). Ich und Milieu, Göttingen: Verlag für medizinische Psychologie Vandenhoeck und Ruprecht.

DEGEMED (1998). QM-Handbuch, Bonn.

Deutscher Verband für Gesundheitssport und Sporttherapie (1996). Ausbildungsmaterialien.

Dörner, K., Plog, U. (1978). Irren ist menschlich, Wunstorf: Psychiatrie-Verlag.

Dreckmann, I. (1993). Kognitiv behaviorale Rückfallprävention. In A. Heigl-Evers, I. Helas und H. C. Vollmer (Hrsg.), Eingrenzung und Ausgrenzung: Zur Indikation und Kontraindikation für Suchttherapien (S. 127–137). Göttingen: Vandenhoeck und Ruprecht.

Edelmeyer, B. (1995). Sporttherapie mit chronisch Suchtkranken im soziotherapeutischen Heim – Ein Erfahrungsbericht. Gesundheit und Sporttherapie, 3.

Edelmeyer, B. und Huißmann, J. (1989). Praxisbeispiele aus der Sporttherapiearbeit mit chronisch Suchtkranken, Sport in der Suchtbehandlung, Psychiatrie, Psychosomatik. Begleitheft zu den 9. Further Fortbildungstagen.

Evertz, P., Höppner, I., Könenberg, P. und Tichelbäcker, H. (1995). Mehr oder weniger unterschiedliche Interventionen für unterschiedliche Indikationen im soziotherapeutischen Heim für Alkoholabhängige. Verhaltensmedizin Heute – Fortschritte in der Rehabilitation, 5, 45–58.

Fachausschuss Soziotherapie des AHG Wissenschaftsrates (Hrsg.) (1999). Basisdokumentation Sucht/Soziotherapie. Hilden.

Grawe, K. (1994). Psychotherapie im Wandel – Von der Konfession zur Profession, Göttingen: Hogrefe.

Heide, M. (1994). Nichts geht mehr!? Erfahrungen aus 15 Jahren soziotherapeutischer Betreuung von chronisch alkoholabhängigen Frauen und Männern. In Schriftenreihe des Wissenschaftsrates der AHG (Hrsg.), Verhaltensmedizin Heute, Band 3.

Höppner, K. (1998). Behandlung des Frauenalkoholismus durch Tanztherapie – Die Darstellung eines neuen Ansatzes. Heinrich-Heine-Universität Düsseldorf: Diplomarbeit.

Huf, A. (1992). Psychotherapeutische Wirkfaktoren. Weinheim: Psychologie Verlags Union.

Jones, M. (1976). Prinzipien der therapeutischen Gemeinschaft, Bern: Huber.

Kanfer, F. (1994). Beiträge eines Selbstregulationsmodells in der psychotherapeutischen Praxis. In: Zielke, M., Sturm, J. (Hrsg.) Handbuch Stationäre Verhaltenstherapie, Weinheim: Psychologie Verlags Union.

Kissel, A., Simonis-Gaillard, U. (2000). Die Wirksamkeit von elektronischen Gedächtnishilfen bei amnestischen Alkoholabhängigen. Bergische Universität – Gesamthochschule Wuppertal: Diplomarbeit.

Körkel, J. (1995). Denkstile über Sucht: Beginn eines Wandels. In Fachausschuss Soziotherapie (Hrsg.), Entweder oder sowohl als auch – Aspekte der Soziotherapie Abhängiger, Verhaltensmedizin Heute, Schriftenreihe des Wissenschaftsrates der AHG, Heft 5, Hilden: Allgemeine Hospitalgesellschaft.

Körkel, J., Lauer, G. (1992). Der Rückfall des Alkoholabhängigen: Einführung in die Thematik und Überblick über den Forschungsstand, in: Körkel, J. (Hrsg.), Der Rückfall des Suchtkranken, Springer, Berlin, 1992.

Körkel, J., Schindler, C. (1999). Ziele und Zielvereinbarungen in der Suchtarbeit. In: Fachverband Sucht (Hrsg.): Entscheidungen und Notwendigkeiten. Geesthacht: Neuland.

Kreuels, A. (1995). Alkoholabhängig und psychosekrank – Betreuung von Patienten mit Doppeldiagnosen. Verhaltensmedizin Heute – Fortschritte in der Rehabilitation, 3, 58–63.

Kreuels, A., Tazl, L. (1999). Abhängige mit psychiatrischen Zusatzdiagnosen in der soziotherapeutischen Langzeitbehandlung, Praxis Klinische Verhaltensmedizin und Rehabilitation.

Linder, H.T., Klein, M., Funke, W. (1994). Qualitätssicherung: Konzepte, Vorgehensweisen, Kritiken am Beispiel stationärer Entwöhnungsbehandlungen von Alkohol-, Medikamenten- und Drogenabhängigen. In: Fachausschuss Sucht (Hrsg.): Qualitätssicherung in der stationären Behandlung Abhängigkeitskranker, Verhaltensmedizin Heute, Hilden: Allgemeine Hospitalgesellschaft.

Main, T.F. (1946). The hospital as a therapeutic institution, dtsch. (1981). Das Krankenhaus – eine therapeutische Institution. In: Hilpert, H., Schwarz, R., Beese, F (Hrsg.) Psychotherapie in der Klinik, Berlin: Springer.

Marlatt, G.A., Gordon, J.R. (Hrsg.) (1985). Relapse prevention: Maintenance strategies in the treatment of addictive behaviors. New York, London: Guilford.

Matsche, F. (1990). Sucht bei alten Menschen – Erreichen die heutigen Therapiekonzepte diese Zielgruppe? In: Jungeblodt (Hrsg.): Suchtkranke am Rande übersehen – vergessen – vernachlässigt, Freiburg/Br.: Lambertus.

Ott, E.S., Braukmann, W., Buschmann, H., Dehmlow, A., Fischer, M., Herder, F., Jahrreiss, R., Missel, P., Quinten, C., Rösch, W., Schleede, S., Schneider, B., Zemlin, U. (1997). Neuentwicklung einer Basisdokumentation für den Bereich stationärer Rehabilitation Suchtkranker (Bado Sucht 97). Verhaltensmedizin heute – Fortschritte in der Rehabilitation, 7, 15–24.

Pörksen, N. (1990). Behinderte und „depravierte" Suchtkranke aus der Sicht der Psychiatrie – Eine Problemanzeige für die Suchtkrankenhilfe. In: Jungeblodt (Hrsg.): Suchtkranke am Rande übersehen – vergessen – vernachlässigt, Freiburg/Br.: Lambertus.

Psychiatrie-Enquête (1995). Bericht über die Lage der Psychiatrie in der Bundesrepublik Deutschland. Unterrichtung durch die Bundesregierung. Drucksache 7/4200 und 7/4201.

Schaust, J. (1995). Drinnen oder Draußen? Außenwohngruppen als Ergänzung zum traditionellen Angebot für chronisch Alkoholabhängige. Verhaltensmedizin Heute – Fortschritte in der Rehabilitation, 5, 25–30.

Schiepek, G. (1998). Vorwort. In: Schwertl, W., Emlein, G., Staubach, M.L., Zwingmann, E.: Sucht in systemischer Perspektive: Theorie – Forschung – Praxis, Göttingen: Vandenhoeck und Ruprecht.

Schmidt, G. (1992). Sucht-„Krankheit" und/oder Such(t)-Kompetenzen. Lösungsorientierte systemische Therapiekonzepte für eine gleichrangig-partnerschaftliche Umgestaltung von „Sucht" in Beziehungs- und Lebensressourcen. In: Richelshagen, K. (Hrsg.): Süchte und Systeme, Freiburg/Br.: Lambertus.

Schmidt, G. (1989). Nachwort in: De Shazer, S., Wege der erfolgreichen Kurztherapie, Stuttgart: Klett Cotta.

Schwoon, D.R., Krausz, M. (Hrsg.) (1990). Suchtkranke. Die ungeliebten Kinder der Psychiatrie, Stuttgart: Enke.

Steingass, H.-P. (1994). Kognitive Funktionen Alkoholabhängiger. Geesthacht: Neuland.

Steingass, H.-P. (1995). Clinical management of memory problems in severe alcoholics. Alcologia, 7 (3), 185–197.

Steingass, H.-P. (1998). Neuropsychologie und Sucht: Fachverband Sucht e.V., Entscheidungen und Notwendigkeiten. Geesthacht: Neuland.

Steingass, H.-P., Verstege, R. (1993). Evaluation in soziotherapeutischen Einrichtungen. Praxis der klinischen Verhaltensmedizin und Rehabilitation, 6, 249–253.

Trömel, G. (1983). Rehabilitation von Alkohol- und Medikamentenabhängigen in komplementären Einrichtungen. Marburg: Elwert.

Watzlawik, P., Beavin, D., Jackson, D. (1991) „Menschliche Kommunikation", Bern: Huber.

Yalom, J. (1974). Gruppenpsychotherapie. München: Kindler.

Themenbezogene Veröffentlichungen aus den soziotherapeutischen Einrichtungen (*Diplomarbeit/Dissertation)

Albrecht, A., Hecker, T.-D., Homey, E., Huißmann, J., Kreuels, A.: Ergotherapie aus neuer Perspektive – Entwicklung eines Einschätzungsverfahrens mit ergo- und sporttherapeutischen Methoden in Haus Dondert. Verhaltensmedizin Heute – Fortschritte in der Rehabilitation, 9, 36–40.

Artischewski, G. (1995). Systemmodell soziotherapeutischer Arbeitsbedingungen. Universität Münster: Diplomarbeit.*

Bernard, M., Dreckmann, I. (1998). Viele Schritte ... führen zur Verantwortung. Verhaltensmedizin Heute – Fortschritte in der Rehabilitation, 9, 33–35.

Bilstein, A. (1997). Frontalhirn – Funktionen und Dysfunktionen bei Alkoholabhängigen. Bergische Universität – Gesamthochschule Wuppertal: Diplomarbeit.*

Bobring, K.-H. (1994). Spielend lernen. Verhaltensmedizin Heute – Fortschritte in der Rehabilitation, 3, 46–53.

Bobring, K.-H. und Walder, F. (1995). Gedächtnistraining oder Alltagstraining? Alltagsbezogenes Gedächtnistraining in der Praxis. Verhaltensmedizin Heute – Fortschritte in der Rehabilitation, 5, 64–69.

Buchholz, B. (2000). Validierung einer Testbatterie (Behavioural Assessment of the Dysexecutive Syndrome, BADS) zur verhaltensorientierten Erfassung des Frontalhirnsyndroms bei chronisch Alkoholabhängigen. Bergische Universität – Gesamthochschule Wuppertal: Diplomarbeit.*

Burgart, F. (1991). Evaluation einer Gedächtnis- und Konzentrationsrehabilitation bei chronischen Alkoholikern, einschließlich Korsakoff-Patienten. Bergische Universität, Gesamthochschule Wuppertal: Diplomarbeit.*

Dreckmann, I. (1993). Kognitiv behaviorale Rückfallprävention. In A. Heigl-Evers, I. Helas und H. C. Vollmer (Hrsg.), Eingrenzung und Ausgrenzung: Zur Indikation und Kontraindikation für Suchttherapien (S. 127–137). Göttingen: Vandenhoeck und Ruprecht.

Eckhoff-Puschmann, R. (1988). Psychometrische Erfassung kognitiver Funktionen bei Alkoholismus. Bergische Universität – Gesamthochschule Wuppertal: Diplomarbeit.*

Edelmeyer, B. (1988). Sport im soziotherapeutischen Heim für depravierte Alkohol- und Medikamentenabhängige. Sport in der Suchtbehandlung, Psychiatrie, Psychosomatik. Begleitheft zu den 8. Further Fortbildungstagen.

Edelmeyer, B. (1992). Badminton und Federball, Regeln und Entregeln, Gegeneinander und Miteinander, Sport in der Suchtbehandlung, Psychiatrie, Psychosomatik. Begleitheft zu den 13. Further Fortbildungstagen.

Edelmeyer, B. (1995). Sporttherapie mit chronisch Suchtkranken im soziotherapeutischen Heim – Ein Erfahrungsbericht. Gesundheit und Sporttherapie, 3.

Edelmeyer, B. und Huißmann, J. (1989). Praxisbeispiele aus der Sporttherapiearbeit mit chronisch Suchtkranken, Sport in der Suchtbehandlung, Psychiatrie, Psychosomatik. Begleitheft zu den 9. Further Fortbildungstagen.

Evertz, P., Höppner, I., Könenberg, P. und Tichelbäcker, H. (1995). Mehr oder weniger – unterschiedliche Interventionen für unterschiedliche Indikationen im soziotherapeutischen Heim für Alkoholabhängige. Verhaltensmedizin Heute – Fortschritte in der Rehabilitation, 5, 45–58.

Fachausschuss Soziotherapie des AHG Wissenschaftsrates (Hrsg.) (1994). Nichts geht mehr!? Aspekte der Soziotherapie Abhängiger. Verhaltensmedizin Heute, Bd. 3, Hilden.

Fachausschuss Soziotherapie des AHG Wissenschaftsrates (Hrsg.) (1995). Entweder oder sowohl als auch. Aspekte der Soziotherapie Abhängiger. Verhaltensmedizin Heute, Bd. 5, Hilden.

Fachausschuss Soziotherapie des AHG Wissenschaftsrates (Hrsg.) (1998). Störungen haben Vorrang – Haben Störungen Vorrang? Verhaltensmedizin Heute, Bd. 9, Hilden.

Fachausschuss Soziotherapie des AHG Wissenschaftsrates (Hrsg.) (1999). Basisdokumentation Sucht/Soziotherapie. Hilden

Göppert-Gummel, G. (1995). Auf Zeit oder auf Langzeit? Über die Wirksamkeit langfristiger stationärer Soziotherapie für chronische Alkoholiker in einer komplementären Einrichtung. Verhaltensmedizin Heute – Fortschritte in der Rehabilitation, 5, 70–77.

Habermehl, S., Sottung, P. (1998). Lust und Frust – Arbeitstherapie in einer soziotherapeutischen Einrichtung. Verhaltensmedizin Heute – Fortschritte in der Rehabilitation, 9, 41–44.

Happe, E. (1999): Eingeschränkte Fähigkeit zur Alltagsbewältigung bei chronisch Alkoholabhängigen aufgrund einer Beeinträchtigung der Entscheidungskompetenz. Diplomarbeit. Bergische Universität – Gesamthochschule Wuppertal.*

Heide, M. (1990). „Individualisierung der Suchttherapie" – Beiträge des zweiten Heidelberger Kongress. Saarbrücken-Scheidt: Dadder-Verlag.

Heide, M. (1994). Nichts geht mehr!? Erfahrungen aus 15 Jahren soziotherapeutischer Betreuung von chronisch alkoholabhängigen Frauen und Männern. Verhaltensmedizin Heute – Fortschritte in der Rehabilitation, 3, 10–22.

Heide, M., Klein, T und Lieb, H. (1991). Abhängigkeit: Zwischen biochemischem Programm und steuerbarem Verhalten. Bonn: H. Nagel-Verlag.

Heide, M. und Wünschel, H. (1989). „Widerstand – Bereitschaft – Zusammenarbeit" – Beiträge des Dritten Landauer Symposiums. Saarbrücken: Verlag Rita Dadder.

Heide, M. und Wünschel, H. (1990). „Macht und Ohnmacht in der Suchttherapie" – Beiträge des vierten Landauer Symposiums. Bonn: H. Nagel-Verlag.

Hendrick, M. (1988). Lernfähigkeit in Abhängigkeit von organischen Schäden gemessen am Syndromkurztest bei Alkoholikern. Bergische Universität – Gesamthochschule Wuppertal: Diplomarbeit.*

Hesse, H. (1995). Zwischen 8.30 und 17.00 Uhr! – Skizzen eines Gruppenbetreuers. Verhaltensmedizin Heute – Fortschritte in der Rehabilitation, 3, 82–85.

Höppner, I. (1995). Weil Sterben zum Leben gehört. Verhaltensmedizin Heute – Fortschritte in der Rehabilitation, 3, 76–80.

Höppner, K. (1998) Behandlung des Frauenalkoholismus durch Tanztherapie – Die Darstellung eines neuen Ansatzes. Heinrich-Heine-Universität Düsseldorf: Diplomarbeit.

Huf, A. (1992): Psychotherapeutische Wirkfaktoren. Weinheim: Psychologie Verlags Union.

Huißmann, J. und Edelmeyer, B. (1991). Vom Freizeitspiel Federball zum Wettkampfspiel Badminton. Sport in der Suchtbehandlung, Psychiatrie, Psychosomatik. Begleitheft zu den 12. Further Fortbildungstagen.

Kannapin, O. (1992). Eine Studie zum deklarativen Gedächtnis und prozeduralen Lernen bei amnestischen Alkoholikern, nicht–amnestischen Alkoholikern und gesunden Kontrollen. Universität Hamburg: Diplomarbeit.*

Kannapin, O., Canavan, A.G.M., Steingass, H.-P., Hömberg, V.: Explicit and implicit learning in alcoholic amnesia, Neuropsychologia (im Druck).

Knorr, D. (1982). Nachsorge durch teilstationäre Einrichtungen. In Deutsche Hauptstelle gegen die Suchtgefahren (Hrsg.), Suchtkranke in der Nachsorge (S. 138–146). Hamm: Hoheneck.

Knorr, D. (1990). Bedeutung und Entwicklung der Soziotherapie. J (intern), 1/90.

Kreuels, A. (1995). Alkoholabhängig und psychosekrank – Betreuung von Patienten mit Doppeldiagnosen. Verhaltensmedizin Heute – Fortschritte in der Rehabilitation, 3, 58–63.

Kreuels, A., Tazl, L. (1999). Abhängige mit psychiatrischen Zusatzdiagnosen in der soziotherapeutischen Langzeitbehandlung, Praxis Klinische Verhaltensmedizin und Rehabilitation.

Kückelhaus, H. (1999). Störungen der Handlungsplanung bei Alkoholabhängigen. Bergische Universität – Gesamthochschule Wuppertal: Diplomarbeit.*

Lehmann, I. (1997). Die Wirksamkeit der Behandlung mehrfach geschädigter chronisch Alkoholabhängiger – Eine Langzeitstudie über den Behandlungsverlauf bei 783 Patienten aus soziotherapeutischen Heimen und Therapiezentren. Bergische Universität – Gesamthochschule Wuppertal: Diplomarbeit.*

Maurer, J. (1985). Konzentrative Bewegungstherapie in der Arbeit mit Alkoholabhängigen. Kath. Fachhochschule Freiburg: unveröffentlichte Diplomarbeit.*

Paar, F. und Verstege, R. (1998). Adaption: Anpassung an soziale Realitäten?. In Fachverband Sucht e.V. (Hrsg.), Suchttherapie unter Kostendruck. Geesthacht: Neuland.

Preuß, M. (1999). Rechtshemisphärische Funktionen und Defizite bei Alkoholabhängigen. Bergische Universität – Gesamthochschule Wuppertal: Diplomarbeit.*

Rönz, J. (1996). Kognitive Rehabilitation bei Alkoholikern und Alkoholikerinnen. Bergische Universität – Gesamthochschule Wuppertal: Diplomarbeit.*

Schaust, J. (1995). Drinnen oder Draußen? Außenwohngruppen als Ergänzung zum traditionellen Angebot für chronisch Alkoholabhängige. Verhaltensmedizin Heute – Fortschritte in der Rehabilitation, 5, 25–30.

Schreiber, S. (1997). Möglichkeiten der Behandlung von Störungen der Handlungsplanung bei Alkoholabhängigen. Bergische Universität – Gesamthochschule Wuppertal: Diplomarbeit.*

Steingass, H.-P. (1992). Entwicklung und Erprobung eines neuropsychologischen Hirnleistungstrainings für chronisch suchtkranke Langzeitpatienten. Intern, I-VIII.

Steingass, H.-P. (1993). Neuropsychologische Determinanten in der Behandlung Alkoholabhängiger. Bergische Universität – Gesamthochschule Wuppertal: Dissertation.*

Steingass, H.-P. (1994). Merkhilfen – Neuropsychologische Grundlagen und Methoden der Gedächtnisrehabilitation bei Alkoholabhängigen. Verhaltensmedizin Heute – Fortschritte in der Rehabilitation, 3, 30–45.

Steingass, H.-P. (1994). Vom Wechsel der Blickrichtung. Verhaltensmedizin Heute – Fortschritte in der Rehabilitation, 3, 46–53.

Steingass, H.-P. (1994). Kognitive Funktionen Alkoholabhängiger. Geesthacht: Neuland.

Steingass, H.-P. (1995). Clinical management of memory problems in severe alcoholics. Alcologia, 7 (3), 185–197.

Steingass, H.-P. (1995). Freud oder light? 17 wirksame Methoden, als Therapeut ineffektiv und unglücklich zu werden. Verhaltensmedizin Heute – Fortschritte in der Rehabilitation, 5, 81–83.

Steingass, H.-P. (1998). Nichts geht mehr!? – Entwicklungen in der Soziotherapie. In Fachverband Sucht e.V. (Hrsg.), Suchttherapie unter Kostendruck. Geesthacht: Neuland.

Steingass, H.-P. (1998). Neuropsychologie und Sucht, in: Fachverband Sucht e.V., Entscheidungen und Notwendigkeiten. Geesthacht: Neuland.

Steingass, H.-P. und Verstege, R. (1993). Evaluation in soziotherapeutischen Einrichtungen. Praxis der klinischen Verhaltensmedizin und Rehabilitation, 6, 249–253.

Steingass, H.-P., Bilstein, A., Schreiber, S. (1998). Frontalhirn, Handlungsplanung und Problemlösen bei chronisch Alkoholabhängigen. Verhaltensmedizin Heute, 9, 45–50.

Steingass, H.-P., Bobring, K.H., Burgart, F., Sartory, G.und Schugens, M. (1994). Memory training in alcoholics. Neuropsychological Rehabilitation, 4, 49–62.

Steingass, H.-P., Sartory, G. und Canavan, A.G.M. (1994). Chronic alcoholism and cognitive function: General decline or patterned impairment? Personality and Individual Differences, 17 (1), 97–109.

Steingass, H.-P. und Verstege, R. (1995). „Darf es etwas mehr sein?" – Der Kunde in der Soziotherapie. Sucht Aktuell, 4, 18–21.

Steingass, H.-P., Verstege, R. und Waldow, M (1987). Dokumentation und Evaluation der stationären Behandlung chronisch suchtkranker Langzeitpatienten. Marburg: FPR-Berichte, Reihe Diagnostik, 4.

Steingass, H.-P., Verstege, R. (1995). Evaluation im komplementären Bereich. Verhaltensmedizin Heute – Fortschritte in der Rehabilitation, 3, 92–99.

Stieglitz, O. (2000). Erfassung alltagsrelevanter Kompetenzen bei mehrfach geschädigten chronisch Alkoholabhängigen – Eine Studie zur Interrater-Reliabilität. Bergische Universität – Gesamthochschule Wuppertal: Diplomarbeit.*

Straßek, B. (1997). Das episodische Gedächtnis bei Alkoholabhängigen. Bergische Universität – Gesamthochschule Wuppertal: Diplomarbeit.*

Streubel, A. (1998). Fehlerfreies Lernen in der Gedächtnisrehabilitation chronisch Alkoholabhängiger. Bergische Universität – Gesamthochschule Wuppertal: Diplomarbeit.*

Thöne, A.I.T (1995). Implizites Gedächtnis – (k)eine Chance für die Rehabilitation? Ein Vergleich expliziter und impliziter Gedächtnisstrategien bei amnestischen Patienten. Dissertation. Universität Bielefeld.*

Thöne, A.I.T. und Markowitsch, H.J. (1995). Vergessen oder Behalten – Möglichkeiten des Erwerbs neuer Informationen bei chronisch alkoholabhängigen Patienten mit Gedächtnisstörungen – Ein Vergleich verschiedener Trainingsstrategien. Verhaltensmedizin Heute – Fortschritte in der Rehabilitation, 5, 59–63.

Tichelbäcker, H. (1995). Trauer macht lebendig – Lebens- und Sterbebegleitung im soziotherapeutischen Heim. Verhaltensmedizin Heute – Fortschritte in der Rehabilitation, 3, 72–75.

Verstege, R. (1994). Von der stationären Nachsorge zur Adaption. Verhaltensmedizin Heute – Fortschritte in der Rehabilitation, 3, 86–90.

Verstege, R. (1996). Adaption oder Nachsorge – Der dritte Weg. Sucht Aktuell, 1+2, 26–27.

Verstege, R. (1996). Berufliche Eingliederung im Rahmen medizinischer Rehabilitation. In Deutsche Hauptstelle gegen die Suchtgefahren (Hrsg.), Alkohol-Konsum und Missbrauch, Alkoholismus – Therapie und Hilfe (S. 37–336). Freiburg/Br.: Lambertus.

Verstege, R. (1996). Aktuelle Rahmenbedingungen adaptiver Maßnahmen und deren Auswirkungen. In Fachverband Sucht e.V. (Hrsg.), Sucht und Erwerbsfähigkeit (S. 181–190). Geesthacht: Neuland.

Verstege, R. (1997). Suchtkrank, Arbeitslos: Chancenlos? Partner-magazin, 1, 14–19.

Verstege, R. (1997). Adaption und soziale Rehabilitation: Die Versorgungslücke wird größer. Sucht Aktuell, 1+2, 28–30.

Verstege, R. (1998). Qualitätseinbußen bei adaptiven Maßnahmen. Sucht Aktuell, 3+4, 31–32.

Verstege, R. (1999). Indikationsstellung und Behandlungsplanung in der Adaption. Sucht Aktuell, 1, 29–31.

Verstege, R. (1999). Effizenz adaptiver Maßnahmen unter veränderten Rahmenbedingungen, in Fachverband Sucht e.V., Entscheidungen und Notwendigkeiten. Geesthacht: Neuland.

Verstege, R. und Paar, F. (1995). Intern und extern – Praktika im Rahmen medizinischer Rehabilitation. Verhaltensmedizin Heute – Fortschritte in der Rehabilitation, 5, 31–38.

Vögtlin, U. (1995). Soziotherapie – Eine Gratwanderung zwischen Pädagogik und Therapie – Reflexion über die alltägliche Arbeit in der soziotherapeutischen Einrichtung Haus Eller. Verhaltensmedizin Heute – Fortschritte in der Rehabilitation, 5, 21–24.

Wessing, J. (1997). Psychodiagnostische Verfahren zur Erfassung kognitiver Ressourcen und Defizite Alkoholabhängiger. Bergische Universität – Gesamthochschule Wuppertal: Diplomarbeit.*

Widera, T. (1994). Computergestütztes Kognitionstraining bei Alkoholabhängigen? Zur Frage der Überlegenheit eines computergestützten Kognitionstrainings gegenüber konventionellen Methoden der kognitiven Therapie. Verhaltensmedizin Heute – Fortschritte in der Rehabilitation, 3, 54–57.

Widera, T. (1994). Über die Wirksamkeit eines computergestützten Kognitionstrainings für hirngeschädigte Alkoholabhängige. Bergische Universität – Gesamthochschule Wuppertal: Diplomarbeit.*

Soziodemographische Daten (n = 558; Stand 31.12.1998)

Der Frauenanteil beträgt in allen Einrichtungen etwa 21,1% (zwischen 13,2% und 28,9%).

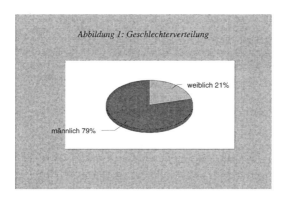

Abbildung 1: Geschlechterverteilung

weiblich 21%

männlich 79%

Das durchschnittliche Alter der Bewohner liegt bei ca. 53 Jahren. Die Altersverteilung ist der folgenden Abbildung 2 zu entnehmen.

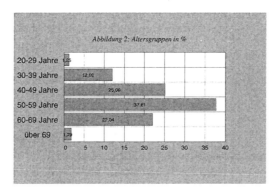

Abbildung 2: Altersgruppen in %

Der Familienstand der Bewohner ist der folgenden Abbildung 3 zu entnehmen.

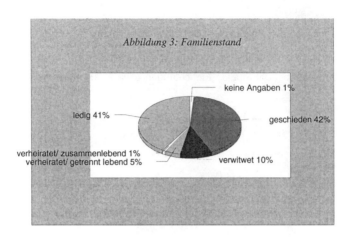

Abbildung 3: Familienstand

Die Abbildung 4 zeigt die Schulabschlüsse der Bewohner der soziotherapeutischen Einrichtungen.

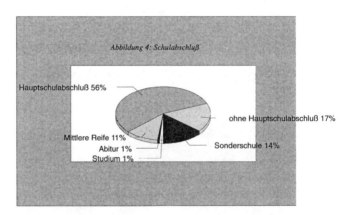

Abbildung 4: Schulabschluß

Mit ca. 56% ist die Gruppe der Bewohner mit einem Hauptschulabschluß am größten. 17% haben keinen Schulabschluß und 14% einen Sonderschulabschluß.

Bei der beruflichen Ausbildung haben ca. 40 % der Bewohner einen Gesellenbrief oder einen vergleichbaren Berufsabschluß. Deutlich über 50 % haben keinerlei berufliche Ausbildung, lediglich 2 – 3 % haben eine höhere Qualifikation als eine Facharbeiterausbildung.

Mehr als 30 % der Bewohner haben (z.T. erhebliche) Schulden, ca. 5 % haben eine eidesstattliche Versicherung abgelegt. Etwa 20% sind vorbestraft und etwa 10 % waren schon einmal inhaftiert. Fast jeder zweite Bewohner steht unter gesetzlicher Betreuung.

Im Vergleich zu Klinikstichproben von Patienten in Entwöhnungsbehandlungen (Küfner et al. 1986, Süß, 1988, Fachverband Sucht, 1998) zeigen unsere Bewohner deutliche Parameter für soziale Desintegration.

Abhängigkeitsentwicklung

Die durchschnittliche Abhängigkeitsdauer der Bewohner beträgt durchschnittlich ca. 25 Jahre. Über die Hälfte der Klienten hat zwischen einer und vier Entgiftungen absolviert. Etwa ein Drittel der Bewohner hat mehr als vier Entgiftungen durchlaufen.

Annähernd 40 % der Bewohner haben vor der Aufnahme in die soziotherapeutische Einrichtung noch nie eine Entwöhnungsbehandlung angetreten. 25 % hatten eine Entwöhnungsbehandlung und der Rest zwei oder mehr Entwöhnungsbehandlungen hinter sich gebracht.

Etwa 90 % der Bewohner sind alkoholabhängig, der Rest ist von Medikamenten oder polyvalent abhängig.

Der langjährige Suchtmittelmißbrauch hat bei fast allen Bewohnern unserer soziotherapeutischen Einrichtungen zu einem außergewöhnlich hohen Maß an psychischen und somatischen Folgeerkrankungen geführt, wobei auch Mehrfachdiagnosen häufig sind. Die folgende Abbildung 5 zeigt die neben der Hauptdiagnose Alkoholismus oder Medikamentenabhängigkeit relevanten medizinischen Zusatzdiagnosen.

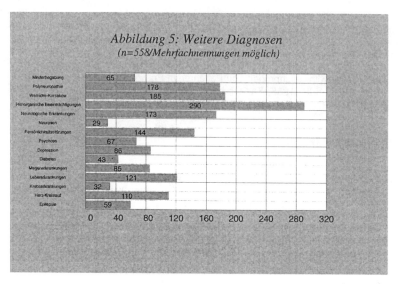

Abbildung 5: Weitere Diagnosen
(n=558/Mehrfachnennungen möglich)

Abbildung 5: Neben der Abhängigkeit relevante weitere Diagnosen (Mehrfachnennungen möglich)

Im Vordergrund der psychiatrischen Diagnosen stehen Persönlichkeitsstörungen verschiedener Art und Schwere, gefolgt von depressiven Störungen.
Darüber hinaus leiden ca. 12 % der Klienten an einer psychotischen Erkrankung.
Bei den körperlichen Störungen stehen hirnorganische und neurologische Erkrankungen im Vordergrund (vor allem Wernicke-Korsakow-Syndrom oder Polyneuropathien).
Leber- und Magenerkrankungen, Herz-Kreislauferkrankungen und Epilepsie liegen bei jeweils ca. 15 – 20 % vor. 7 % der Bewohner leiden an Krebserkrankungen.

Zusammenfassung

Insgesamt können die soziodemographischen Merkmale unserer Bewohner (geringe familiäre Bindung, niedriger Bildungsstand, fehlende Schulabschlüsse, geringe berufliche Qualifikation, hoher Erwerbslosenstand usw.) als Ausdruck erheblicher sozialer Instabilität und Deklassierung gewertet werden.

Aufgrund ihrer langjährigen Abhängigkeit mit entsprechend häufigen Vorbehandlungen (Entgiftungen, Entwöhnungen, Allgemeinkrankenhaus-Aufenthalten usw.) sind die Bewohner der soziotherapeutischen Heime bei Behandlungsbeginn meist beruflich und sozial desintegriert und entwurzelt, sie erfahren selten soziale Unterstützung durch Familie, Verwandtschaft oder Freunde. Aus dem Arbeitsleben sind sie in der Regel längst ausgeschieden. Meist fehlt ihnen auch die Kompetenz, selbständig alltäglichste Anforderungen wie Orientierung in ihrer Umwelt, Zeitstrukturierung, Selbstversorgung, Hygiene zu bewältigen und oft die Kraft, der Mut, das Wissen und die Erfahrung, ihre Situation zu verändern.

**Soziotherapie
der AHG**

INFORMATIONSGESPRÄCH

Datum:_____   Durchgeführt von:_____

Begleitender: _____   Tel.:_____

Einrichtung: _____   Station: _____

PERSÖNLICHE DATEN

Name: _____   Vorname: _____

Geburtsname: _____

geb. am: _____   in:_____

zuletzt polizeilich gemeldet in: _____

Konfession˙: rk / ev / sonstiges   Familienstand˙: led. / verh. / gesch. / getr. leb. / verw.

Unterhaltsverpflichtungen gegenüber Ehepartner / Kindern / Eltern˙

Arbeitslos seit: _____   erhält Arbeitslosengeld / -hilfe˙

Rente: Höhe: _____DM   Art: _____   beantragt˙: ja / nein

Sozialhilfe˙: beantragt / bezogen

Betreuung:

Aufgabenbereiche: _____

Name des Betreuers: _____Tel.: _____

Anschrift: _____

Gerichtliche Verfahren:_____

Laufende Verfahren: _____

Bewährung seit: _____   bis: _____

Bewährungshelfer:

Name: _____Tel.: _____

Anschrift:_____

Höhe   noch   abzuzahlender   Schulden: _____   Vermögen*: ja / nein

Schulbildung: _____

Erlernter Beruf: _____

zuletzt ausgeübte Tätigkeit: _____

Schwerbehinderung, %: _____   wegen: _____

SUCHTENTWICKLUNG

Alkohol-/Medikamentenmißbrauch* seit: _____   Kontrollverlust seit: _____

Erste stat. Entgiftung: _____   wieviele bisher: _____   zur Zeit*: ja / nein

wo: _____   seit: _____

Entwöhnungsbehandlungen: (Abbrüche ankreuzen)

wann: _____   wo: _____

_____   _____

_____   _____

_____   _____

Rehabilitations-Maßnahmen: (Abbrüche ankreuzen)

wann: _____   wo: _____

_____   _____

DIAGNOSEN

1. **Psychisch*** (Delir, Halluzinose, hirnorg. Beeinträchtigung etc.)

sonstiges: _____

_____

Suizidversuche: _____   wann: _____   Suizidgefahr aktuell*: ja / nein

2. **Organisch*** (Magen, Leber, Herz/Kreislauf, Polyneuropathie, Alkoholepilepsie, Pflegebedürftigkeit, etc.)

sonstiges: _____

_____

Medikation zur Zeit: _____

Mißbrauch von Medikamenten/Drogen*: _____

3. Sozial (familiärer Hintergrund, Nichtseßhaftigkeit, Verwahrlosungstendenz, Scheidung etc.)

noch bestehende Kontakte zu: _____

wann zuletzt: _____

sonstiges: _____

_____

_____

_____

_____

_____

Bemerkungen:

_____

_____

_____

_____

_____

_____

_____

_____

_____

_____

_____

_____

_____

_____

_____

Soziotherapie der AHG

AUFNAHME-ANTRAG

Name: _____   Vorname: _____

Geburtsname: _____

geb. am: _____   in: _____

zuletzt polizeilich gemeldet in: (vollständige Adresse, evtl. Telefon)

_____

Derzeitiger Aufenthaltsort:

_____

Im Falle vorliegender Betreuung:

Art der Betreuung: mit / ohne Einwilligungsvorbehalt *

Aufgabenbereiche: _____

Name des Betreuers: _____   Tel.: _____

Anschrift: _____

Krankenversicherung (wo?): _____ Versicherungsnummer: _____

erhält Krankengeld? *   ja   nein   Höhe: _____

Rententräger: _____   Rentenzeichen: _____

erhält Rente? *   ja   nein   Höhe: _____

zuständiges Arbeitsamt: _____

erhält Arbeitslosengeld, -hilfe: ? *   ja   nein   Höhe: _____

Kostenträger der Unterbringung in Haus Remscheid: _____

Der Antrag auf Kostenübernahme wurde abgesandt am _____

an den zuständigen Sozialhilfeträger *   LV Rheinland

LV Westfalen-Lippe

Sozialamt in _____ .

* **Zutreffendes unterstreichen**

Aufnahmebedingungen:

Vor der Aufnahme muß vorhanden sein:

1. Aufnahmeantrag mit Arzt- und Sozialbericht, dazu neuer Lungenbefund/Bescheinigung über Nichtvorhandensein ansteckender Erkrankungen
2. Kostenzusicherung des zuständigen Kostenträgers nach § 39/40
3. Krankenscheine bzw. Angabe der Krankenkasse
4. Abmeldebescheinigung des letzten Wohnortes
5. bei vorliegender Betreuung Bestallung des Betreuers
6. Entgiftung des Aufzunehmenden
7. begonnene zahnärztliche Behandlungen müssen abgeschlossen sein
8. DM 2000,- Kaution, falls der Aufzunehmende Selbstzahler ist.

Die Übernahme ist nur möglich für Alkohol- und Medikamentenabhängige ohne krankheitsbedingte Pflegebedürftigkeit (im Sinne von Bettlägerigkeit und intensiven pflegerischen Maßnahmen, nicht im Sinne von Betreuung).

ÄRZTLICHE STELLUNGNAHME

1. DIAGNOSEN
nach ICD 10:

|__|__|__|.|__|__|

|__|__|__|.|__|__|

|__|__|__|.|__|__|

|__|__|__|.|__|__|

|__|__|__|.|__|__|

|__|__|__|.|__|__|

2. BISHERIGE STATIONÄRE BEHANDLUNGEN WEGEN ALKOHOLISMUS

3. BISHERIGE STATIONÄRE BEHANDLUNGEN WEGEN SONSTIGER ERKRANKUNGEN

4. SONSTIGE WESENTLICHE DATEN ZUR VORGESCHICHTE
(Dauer der Abhängigkeit, Organerkrankungen)

5. BEFUNDE

a) internistisch (körperliche, Labor-, EKG-, **Röntgen**befunde etc.)

b) neurologisch (insbesondere Polyneuropathie)

c) psychisch (Orientiertheit, Gedächtnisstörungen, hirnorganischer Abbau, Einsichtsfähigkeit und Motivation für soziotherapeutische Maßnahmen)

6. AKTUELLE MEDIKATION

Stempel der einweisenden Einrichtung
Krankenhaus / Gesundheitsamt o.ä.

Name und Unterschrift des Arztes

SOZIALBERICHT

_____

Unterschrift des Verfassers / Gesundheitsamt o. ä.

Soziotherapie
der AHG

Basisdokumentation Soziotherapie 99 (BADO 99)
Version Soziotherapie 1.1

Bei Aufnahme und Entlassung bitte die Teile A, B und C ausfüllen.
Bei den jährlichen Meßwiederholung nur die Teile A und C.

Teil A: Stammdaten

Aufnahmenummer: | 7 | 0 | 0 | | | | |
Aufnahmenummer vierstellig bitte rechtsbündig codieren
Beispiel: 123 bitte 0123

Name: _____
　　　　(Für Datenauswertung ohne Bedeutung; kann ausgefüllt werden,
　　　　wenn Kopie als Belegexemplar in der Krankenakte verbleibt)

Geburtsdatum　　　　| | | | | | | |

Aufnahmedatum　　　　| | | | | | | |

Entlassungsdatum　　　| | | | | | | |

Messung Nr.　　　　　| | |

Erstaufnahme ☐　　　Wiederaufnahme ☐

Postleitzahl letzter Wohnort vor Aufnahme | | | | | | |

| | = Einrichtungsnummer

1 = TPR Köln
2 = TPR Duisburg
3 = Haus Eller
4 = Haus Dondert
5 = Haus Remscheid
6 = Haus Grefrath
7 = TZ Germersheim
8 = TZ Bassenheim
9 = Haus Welchenberg

Geschlecht ☐ m ☐ w

Unterlegte Fragestellungen bitte nur bei Entlassung ausfüllen!

Teil B: Allgemeine Basisdaten (nur bei Aufnahme und Entlassung ausfüllen)

101　Familiensituation

101.1 Am Anfang der Therapie
1. ☐ ledig
2. ☐ verheiratet, zusammenlebend
3. ☐ verheiratet, getrennt lebend
4. ☐ verwitwet
5. ☐ geschieden
9. ☐ unbekannt

101.2 Am Ende der Therapie
1. ☐ ledig
2. ☐ verheiratet, zusammenlebend
3. ☐ verheiratet, getrennt lebend
4. ☐ verwitwet
5. ☐ geschieden
9. ☐ unbekannt

102　Partnersituation

102.1 Am Anfang der Therapie
1. ☐ kurzfristig kein Partner
2. ☐ dauerhaft kein Partner
3. ☐ wechselnde Partner
4. ☐ fester Partner
9. ☐ unbekannt

102.2 Am Ende der Therapie
1. ☐ kurzfristig kein Partner
2. ☐ dauerhaft kein Partner
3. ☐ wechselnde Partner
4. ☐ fester Partner
9. ☐ unbekannt

103.　Haushalt, überwiegender Lebensbereich

103.1 im letzten halben Jahr vor Behandlungsbeginn
1. ☐ eigener Haushalt
2. ☐ versorgt im Haushalt der Eltern

3. ☐ betreutes Wohnen oder Heim, (psychiatrische) Klinik
4. ☐ in Strafhaft / Untersuchungshaft
5. ☐ wohnungslos
6. ☐ Obdachloseneinrichtung
7. ☐ sonstiges
9. ☐ unbekannt

103.2 nach Entlassung
1. ☐ eigener Haushalt
2. ☐ versorgt im Haushalt der Eltern
3. ☐ betreutes Wohnen oder Heim, Anstalt, Klinik
4. ☐ in Strafhaft / Untersuchungshaft
5. ☐ wohnungslos
6. ☐ Obdachloseneinrichtung
7. ☐ sonstiges
9. ☐ unbekannt

104 Höchste Schulbildung
1. ☐ Sonderschule
2. ☐ Hauptschule ohne Abschluß
3. ☐ Hauptschule mit Abschluß
4. ☐ Mittlere Reife
5. ☐ Fachschule
6. ☐ Abitur ohne Studium
7. ☐ Studium ohne Abschluß
8. ☐ Studium mit Abschluß
88.☐ sonstige
99.☐ unbekannt

105 höchste abgeschlossene Berufsausbildung
1. ☐ in Berufsausbildung / Umschulung
2. ☐ Berufsausbildung abgeschlossen
3. ☐ Berufsausbildung abgebrochen
4. ☐ keine Ausbildung
5. ☐ angelernt, ohne Abschluß
6. ☐ sonstiges
9. ☐ unbekannt

106 Letzter beruflicher Status
1. ☐ Arbeiter
2. ☐ Facharbeiter, Lernberuf
3. ☐ einfacher / mittlerer Angestellter oder Beamter
4. ☐ höherer Angestellter / Beamter
5. ☐ selbständig, freiberuflich tätig
6. ☐ Lehrling / Umschüler
7. ☐ Schüler / Student
8. ☐ Hausfrau / Hausmann
9. ☐ ABM
10.☐ Hilfsarbeiter-, Aushilfstätigkeit
11.☐ Werkstatt für Behinderte
88.☐ sonstiges
99.☐ unbekannt

107 Berufsausübung (bei Außerachtlassung von Arbeitsunfähigkeit)

107.1 Berufsausübung unmittelbar vor jetziger Aufnahme
1. ☐ Vollzeitbeschäftigung (auch ABM)
2. ☐ Teilzeitbeschäftigung (auch ABM)
3. ☐ arbeitslos (AloG od. Alo-Hi)
4. ☐ krankheitsbedingt keine Berufsausübung möglich
5. ☐ (Früh-)Rentner / Pensionär

6. ☐ in Ausbildung
7. ☐ Umschulung
8. ☐ Hausfrau / Hausmann
9. ☐ sonstige
99.☐ unbekannt

107.2 Berufsausübung nach Entlassung
1. ☐ Vollzeitbeschäftigung (auch ABM)
2. ☐ Teilzeitbeschäftigung (auch ABM)
3. ☐ arbeitslos
4. ☐ krankheitsbedingt keine Berufsausübung möglich
5. ☐ (Früh-) Rentner / Pensionär
6. ☐ in Ausbildung
7. ☐ Umschulung
8. ☐ Hausfrau / Hausmann
9. ☐ sonstige
99.☐ unbekannt

108 Überwiegender Lebensunterhalt im letzten halben Jahr vor Behandlungsbeginn (Mehrfachnennung möglich)
1. ☐ Erwerbstätigkeit
2. ☐ Krankengeld
3. ☐ Übergangsgeld
4. ☐ Arbeitslosengeld
5. ☐ Arbeitslosenhilfe
6. ☐ Rente / Pension
7. ☐ Ausbildungsbeihilfe
8. ☐ Sozialhilfe
9. ☐ Angehöriger
10.☐ Vermögen
88.☐ sonstiges
99.☐ unbekannt

109 Arbeitsfähigkeit bei Beginn und Ende der Behandlung

109.1 unmittelbar vor jetziger Aufnahme
1. ☐ arbeitsfähig
2. ☐ arbeitsunfähig
3. ☐ Hausfrau / Hausmann
4. ☐ Rentner (BU / EU)

109.2 am Ende der Behandlung
0. ☐ Maßnahme nicht ordnungsgemäß abgeschlossen, gestorben
1. ☐ arbeitsfähig
2. ☐ arbeitsunfähig
3. ☐ Hausfrau / Hausmann
4. ☐ Rentner

110.1 Dauer der krankheitsbedingten Arbeitsunfähigkeit (auch, wenn etwa AloG oder AloHi bezogen wurde) innerhalb der letzten 12 Monate vor Behandlungsbeginn (in Wochen)

|___|___| Wochen
0= keine Arbeitsunfähigkeit oder trifft nicht zu, z. B. Rentner
99= unbekannt

110.2 Dauer der ununterbrochenen krankheitsbedingten Arbeitsunfähigkeit (auch, wenn etwa AloG oder AloHi bezogen wurde) unmittelbar vor Behandlungsbeginn (in Wochen)

|___|___|___| Wochen
0= keine Arbeitsunfähigkeit oder trifft nicht zu, z. B. Rentner
999= unbekannt

111 Arbeitslosigkeitsdauer vor Behandlungsbeginn

111.1 Summe der Arbeitslosigkeitszeiten innerhalb der letzten 3 Jahre vor Behandlungsbeginn (incl. Entgiftung, Entwöhnung o.a. Vorbehandlung) in Monaten
|___|___| Monate
0= keine Arbeitslosigkeit oder trifft nicht zu, z. B. Rentner
99= unbekannt

111.2 Dauer der ununterbrochenen Arbeitslosigkeit unmittelbar vor Behandlungsbeginn (incl. Entgiftung, Entwöhnung o.a. Vorbehandlung) in Monaten

|___|___|___| Monate
0= keine Arbeitslosigkeit oder trifft nicht zu, z. B. Rentner
999= unbekannt

112   Leistungsbeurteilung

112.1 Leistungsfähigkeit im letzten Arbeitsverhältnis vor jetziger Aufnahme (incl. vorangegangener Entgiftung oder sonstiger KH-Behandlung)

0. ☐ Eine Beurteilung der Leistungsfähigkeit lag bei Behandlungsbeginn nicht vor
1. ☐ vollschichtig
2. ☐ halb- bis untervollschichtig
3. ☐ zwei Stunden bis unterhalbschichtig
4. ☐ weniger als zwei Stunden
5. ☐ unter beschützenden Bedingungen (WfB o.ä.)
6. ☐ keine Berufsausübung möglich

112.3 Leistungsfähigkeit für letzte, vor der Aufnahme ausgeübte Tätigkeit bei Behandlungsende

1. ☐ vollschichtig
2. ☐ halb- bis untervollschichtig
3. ☐ zwei Stunden bis unterhalbschichtig
4. ☐ weniger als zwei Stunden
5. ☐ unter beschützenden Bedingungen (WfB o.ä.)
6. ☐ keine Berufsausübung möglich

113   Rentensituation

113.1 bei Behandlungsbeginn
1. ☐ Rentenantrag
2. ☐ Rentenstreit
3. ☐ Altersrente / Pension
4. ☐ Zeitrente
5. ☐ EU-Rente
6. ☐ BU-Rente
7. ☐ Witwenrente
8. ☐ kein Rentenverfahren
9. ☐ unbekannt

113.2 bei Behandlungsende
1. ☐ Rentenantrag
2. ☐ Rentenstreit
3. ☐ Altersrente / Pension
4. ☐ Zeitrente
5. ☐ EU-Rente
6. ☐ BU-Rente
7. ☐ Witwenrente
8. ☐ kein Rentenverfahren
9. ☐ unbekannt

114   Info / Vorgespräch in der Einrichtung
1. ☐ ja
2. ☐ nein
9. ☐ unbekannt

115   Vermittler
1. ☐ ärztliche Praxis
2. ☐ Kosten-, Leistungsträger
3. ☐ geplante Wiederaufnahme
4. ☐ Beratungsstelle
5. ☐ psychologische Praxis
6. ☐ Bewohner selbst / ohne Vermittlung
7. ☐ Selbsthilfegruppe
8. ☐ betrieblicher Dienst des Arbeitgebers
9. ☐ Fachklinik (Psychosomatik oder Sucht)
10. ☐ Allgemeinkrankenhaus
11. ☐ Psychiatrisches Krankenhaus / LKH
12. ☐ Heim / Langzeiteinrichtung
13. ☐ Justizvollzugsanstalt
14. ☐ Gesundheitsamt
15. ☐ Betreuer / Vormund
88. ☐ sonstige

116   Suchtmittel bei Aufnahme, Aufnahmestatus
1. ☐ vor Aufnahme entgiftet
2. ☐ nicht entgiftet
3. ☐ Entgiftung nicht erforderlich
9. ☐ unbekannt

117 Diagnosen

Die Diagnosen sind in der Rangfolge der Bedeutung für die Behandlung anzugeben. Bei unseren Bewohnern ist das in der Regel die Abhängigkeitsdiagnose(n) (etwa F 10.21, F13.21, F 10.6, F 10.73/74 o.ä.) Übernommen und codiert werden

- die von den Konsiliarärzten bestätigten Einweisungsdiagnosen (aus dem Arztbericht der Aufnahmeunterlagen) oder
- die von ihnen korrigierten Diagnosen und ergänzten Diagnosen sowie gegebenenfalls
- in der Fallbesprechung besprochene weitere Diagnosen

Mit den ersten fünf Stellen ist der ICD-10 Diagnoseschlüssel anzugeben. Hier werden alle körperlichen, psychiatrischen und neurologischen Haupt- und Nebendiagnosen erfaßt, neben der Abhängigkeitserkrankung also auch beispielsweise Intelligenzminderung, Anfallsleiden, Herz-, Kreislauferkrankungen, Magen-, Darmerkrankungen etc.). Ist Ihnen eine Codierung nicht möglich, bitte Diagnose(n) handschriftlich in rechter Spalte notieren)

Zum Beispiel: alkoholbedingtes amnestisches Syndrom:
ICD-10: F10.6 Zusatz: 0 (keiner)   Sicherheit: 0 (gesicherte Diagnose)   Ergebnis: 2 (unverändert)

Diagnose ICD-10	Zusatz	Sicherheit	(Zwischen-) Ergebnis
1. I_I_I_I.I_I_I	I_I	I_I	I_I
2. I_I_I_I.I_I_I	I_I	I_I	I_I
3. I_I_I_I.I_I_I	I_I	I_I	I_I
4. I_I_I_I.I_I_I	I_I	I_I	I_I
5. I_I_I_I.I_I_I	I_I	I_I	I_I
6. I_I_I_I.I_I_I	I_I	I_I	I_I
7. I_I_I_I.I_I_I	I_I	I_I	I_I
8. I_I_I_I.I_I_I	I_I	I_I	I_I
9. I_I_I_I.I_I_I	I_I	I_I	I_I
10. I_I_I_I.I_I_I	I_I	I_I	I_I

Zusatz:
0= kein Zusatz
1= z.Z. erscheinungsfrei
2= Akuter Schub / Rezidiv
3= chronisch progredient
4= Zustand nach......
5= Zustand nach Operation
6= Zustand nach Amputation
7= Endoprothese / Herzschrittmacher / Bypass
8= Dialyse / Gefäßdilatation / Thrombektomie

Sicherheit:
0= gesicherte Diagnose
1= Verdachtsdiagnose

Behandlungsergebnis:
0= trifft nicht zu
1= gebessert
2= unverändert
3= verschlechtert

118   weitere, oben nicht klassifizierte Problembereiche
(Mehrfachnennungen sind möglich)
1. ☐ Schmerz
2. ☐ Funktionelle Störung
3. ☐ Bulimie
4. ☐ Anorexie
5. ☐ Adipositas
6. ☐ Depression
7. ☐ Angst
8. ☐ Zwang
9. ☐ Trauma
10.☐ Hirnorganisches Syndrom
11.☐ Pathologisches Spielen
12.☐ Persönlichkeitsstörung

13.☐ Somatisierungsstörung
14.☐ Sexuelle Funktionsstörung
15.☐ Alkoholtoxische Wesensänderung
88.☐ sonstige

119   Weitere Auffälligkeiten und Problembereiche
(Mehrfachnennungen möglich)
1. ☐ Zustand nach sexueller Gewalt
2. ☐ sprachliche Verständigungsprobleme
3. ☐ Einschränkung durch Körperbehinderung

4. ☐ latente Suizidalität (keine direkten Äußerungen durch den Bewohner)
5. ☐ latente Suizidalität (vom Bewohner geäußert)
6. ☐ suizidale Handlungen in der Vorgeschichte
7. ☐ Alkoholmißbrauch
8. ☐ Drogenmißbrauch
9. ☐ Nikotinmißbrauch
10.☐ Medikamentenmißbrauch
11.☐ Delir in der Vorgeschichte
12.☐ Krampfanfälle in der Vorgeschichte
13.☐ problematische finanzielle Situation

14. ☐ Keine der genannten Problembereiche

120 Abhängigkeitsdauer
(nach fremdanamnestischen Angaben oder Einschätzung des Therapeuten)
|___|___|___| Anzahl Jahre
99= unbekannt

121 Bisherige stationäre Entgiftungsbehandlungen

121.1 Anzahl
|___|___|___| Anzahl
99= unbekannt

121.2 Datum der Entlassung aus der letzten Entgiftungsbehandlung
|___|___|___|___|___|___|
999999= unbekannt

122 Bisherige Entwöhnungsbehandlungen

122.1 regulär beendete ambulante Entwöhnungsbehandlungen (als regulär gilt auch: vorzeitig mit ärztlichem Rat oder Einverständnis)
|___| Anzahl
9= unbekannt

122.2 irregulär beendete ambulante Entwöhnungsbehandlungen
|___| Anzahl
9= unbekannt

122.3 regulär beendete stationäre Entwöhnungsbehandlungen (als regulär gilt auch: vorzeitig mit ärztlichem Rat oder Einverständnis)
|___| Anzahl
9= unbekannt

122.4 irregulär beendete stationäre Entwöhnungsbehandlungen

|___| Anzahl
9= unbekannt

122.5 Datum der Entlassung aus der letzten Entwöhnungsbehandlung
|___|___|___|___|___|___|
999999= unbekannt

122.6 regulär beendete Aufenthalte in Langzeiteinrichtungen (Soziotherapeutisches Heim o.ä.)
(als regulär gilt auch: vorzeitig mit therapeutischem Rat oder Einverständnis)
|___|___| Anzahl
9= unbekannt

122.7 irregulär beendete stat. Aufenthalte in Langzeiteinrichtungen (Soziotherapie)
|___|___| Anzahl
9= unbekannt

122.8 Datum der Entlassung aus der letzten Langzeiteinrichtungen (Soziotherapie)
|___|___|___|___|___|___|
999999 unbekannt

123 Suchtprobleme bei Bezugspersonen vorhanden bei: (Mehrfachnennungen möglich)
1. ☐ Ehepartner / Lebensgefährte(in)
2. ☐ Vater
3. ☐ Mutter
4. ☐ Großeltern
5. ☐ Geschwister
6. ☐ Kinder
7. ☐ andere nahe Verwandte
8. ☐ unbekannt
9. ☐ keine Suchtprobleme bei Bezugspersonen

124 Konsum oder Besitz von Suchtmitteln während der Behandlung (Mehrfachnennungen möglich)
1. ☐ Konsum von Alkohol
2. ☐ Konsum von (Sucht-) Medikamenten
3. ☐ Konsum von illegalen Drogen
4. ☐ Besitz von Alkohol
5. ☐ Besitz von (Sucht-) Medikamenten
6. ☐ Besitz von illegalen Drogen

125 Rückfall während der Behandlung
0. ☐ kein Rückfall während der Behandlung

1. ☐ ein Rückfall während der Behandlung
2. ☐ zwei oder mehr Rückfälle während der Behandlung
9. ☐ unbekannt

126 Entlassungsform
1. ☐ regulär
2. ☐ vorzeitig auf ärztliche Veranlassung
3. ☐ vorzeitig mit ärztlichem Einverständnis
4. ☐ vorzeitig ohne ärztliches Einverständnis
5. ☐ disziplinarisch
6. ☐ verlegt
7. ☐ Wechsel zu ambulanter, teilstationärer, stationärer Reha
9. ☐ gestorben

127 Weiterbehandlung eingeleitet (Mehrfachnennungen möglich)
1. ☐ psychiatrisches Krankenhaus
2. ☐ sonstiges Krankenhaus
3. ☐ Suchtklinik
4. ☐ Rehaklinik
5. ☐ Adaptionseinrichtung
6. ☐ soziotherapeutisches Heim, Tages-, Nachtklinik
7. ☐ betreutes Wohnen, therapeutische Wohngemeinschaft
8. ☐ ambulante Weiterbehandlung gemäß Empfehlungsvereinbarung in Beratungsstelle
9. ☐ ambulante Weiterbehandlung gemäß Empfehlungsvereinbarung in Klinik
10. ☐ ambulante Nachsorge gemäß Empfehlungsvereinbarung in Beratungsstelle
11. ☐ ambulante Nachsorge gemäß Empfehlungsvereinbarung in Klinik
12. ☐ Nachsorge in der Beratungsstelle (außerhalb der Empfehlungsvereinbarung)
13. ☐ Psychotherapie bei niedergelassenem Therapeuten
14. ☐ Berufsfördernde Maßnahmen
15. ☐ Einleitung von Betreuung nach §1896 BGB (Pflegschaft)
16. ☐ Altenheim

17. ☐ andere stationäre Lang-
    zeiteinrichtung
18. ☐ keine weitere Behandlung

**128 Gesamteinschätzung
    der Veränderungen**
1. ☐ wesentlich gebessert
2. ☐ deutlich gebessert
3. ☐ leicht gebessert
4. ☐ unverändert
5. ☐ leicht verschlechtert

6. ☐ deutlich verschlechtert
7. ☐ wesentlich verschlechtert

129 Prognose
1. ☐ günstige Prognose
2. ☐ eher günstige Prognose
3. ☐ eher ungünstige Progno-
    se
4. ☐ ungünstige Prognose

9. ☐ unbekannt, nicht beant-
    wortbar (diese Kategorie
    nur verwenden, wenn der
    Beurteiler den Bewohner
    nicht kennt, z.B. Abbruch
    der Behandlung nach we-
    nigen Tagen)

Teil C: Einrichtungsspezifische Daten (Behandlungsverlauf)
Informationserhebung zur aktuellen Situation bzw. Änderungen

Umrahmte Items bitte nur ausfüllen, wenn **während der Behandlung Veränderungen** eintraten!

101.3 Familiensituation
Nur bei Veränderung
1. ☐ ledig
2. ☐ verheiratet, zusammenlebend
3. ☐ verheiratet, getrennt lebend
4. ☐ verwitwet
5. ☐ geschieden
9. ☐ unbekannt

102.3 Partnersituation
Nur bei Veränderung
1. ☐ kurzfristig kein Partner
2. ☐ dauerhaft kein Partner
3. ☐ wechselnde Partner
4. ☐ fester Partner
9. ☐ unbekannt

104.1 Höchste Schulbildung
Nur bei Veränderung
1. ☐ Sonderschule
2. ☐ Hauptschule ohne Abschluß
3. ☐ Hauptschule mit Abschluß
4. ☐ Mittlere Reife
5. ☐ Fachschule
6. ☐ Abitur ohne Studium
7. ☐ Studium ohne Abschluß
8. ☐ Studium mit Abschluß
88.☐ sonstige
99.☐ unbekannt

105.1 Berufsausbildung
Nur bei Veränderung
1. r in Berufsausbildung / Umschulung
2. r Berufsausbildung abgeschlossen
3. r Berufsausbildung abgebrochen
4. r keine Ausbildung
5. r angelernt, ohne Abschluß
6. r sonstiges
9. r unbekannt

107.3 Berufsausübung nach Entlassung
Nur bei Veränderung
1. ☐ Vollzeitbeschäftigung (auch ABM)
2. ☐ Teilzeitbeschäftigung (auch ABM)

3. ☐ arbeitslos
4. ☐ Rentner / Pensionär
5. ☐ in Ausbildung
6. ☐ Umschulung
7. ☐ Hausfrau / Hausmann
8. ☐ sonstige
9. ☐ unbekannt

108.1 Überwiegender Lebensunterhalt im letzten halben Jahr vor Behandlungsbeginn (Mehrfachnennung möglich)
Nur bei Veränderung
1. ☐ Erwerbstätigkeit
2. ☐ Krankengeld
3. ☐ Übergangsgeld
4. ☐ Arbeitslosengeld
5. ☐ Arbeitslosenhilfe
6. ☐ Rente / Pension
7. ☐ Ausbildungsbeihilfe
8. ☐ Sozialhilfe
9. ☐ Angehöriger
10.☐ Vermögen
88.☐ sonstiges
99.☐ unbekannt

113.2 Rentensituation
Nur bei Veränderung
1. ☐ Rentenantrag
2. ☐ Rentenstreit
3. ☐ Altersrente / Pension
4. ☐ Zeitrente
5. ☐ EU-Rente
6. ☐ BU-Rente
7. ☐ Witwenrente
8. ☐ kein Rentenverfahren
9. ☐ unbekannt

201 Bereich
1. ☐ Heimgruppe
2. ☐ Seniorengruppe
3. ☐ Trainingsgruppe
4. ☐ Doppeldiagnosegruppe
5. ☐ Eingangsgruppe
6. ☐ Orientierungs-,/ Wohngruppe
7. ☐ Adaption
8. ☐ Außenwohngruppe

202 Verlegung

202.1 interkurrente Verlegung seit letzter Erhebung
(erst ab 2. Erhebung)

0. ☐ keine interkurrente Verlegung
1. ☐ Allgemeinkrankenhaus
2. ☐ Psychiatrisches Krankenhaus
3. ☐ Entgiftung
4. ☐ Anschlußheilbehandlung / Kur

203 Kostenträger
1. ☐ LVR
2. ☐ LVWL
3. ☐ LJSV Rheinland-Pfalz
4. ☐ LSV Saarland
5. ☐ LWV Hessen
6. ☐ sonstiger überörtlicher Sozialhilfeträger
7. ☐ örtlicher Sozialhilfeträger
8. ☐ Rentenversicherer
9. ☐ Selbstzahler

204 Rechtliche Situation / Betreuung (Mehrfachnennungen möglich)
1. ☐ keine Betreuung
2. ☐ Aufenthaltsbestimmung
3. ☐ Personensorge
4. ☐ Gesundheitsfürsorge
5. ☐ Vermögenssorge
6. ☐ spezielles Sachgebiet
7. ☐ Einwilligungsvorbehalt

205 Schulden

205.1 Schuldenhöhe
1. ☐ Schulden in DM (ab 01.01.2002 in Euro) (rechtsbündig)
| | | | | | | |
0= keine Schulden
2. ☐ Schulden unbekannt oder nur dem Betreuer bekannt

205.2 Schuldenregulierung
(Mehrfachnennung möglich)
1. ☐ entfällt, da keine Schulden
2. ☐ Eidesstattliche Versicherung
3. ☐ Insolvenzverfahren läuft
4. ☐ Vergleich mit Gläubigern
5. ☐ Schuldentilgungsplan erstellt
6. ☐ Ratenzahlung läuft
7. ☐ Stundung

206   Rechtliche Situation

206.1 Straffälligkeit (Mehrfachnennungen möglich)
1. ☐ keine Vorstrafen
2. ☐ Vorstrafen
3. ☐ laufende Verfahren
4. ☐ Bewährung
5. ☐ Auflagen

206.2 Inhaftierungszeiten
1. ☐ keine Inhaftierung
2. ☐ weniger als ein Jahr
3. ☐ ein bis fünf Jahre
4. ☐ mehr als fünf Jahre

207   Gesundheitl. Situation

**207.1 Schwerbehinderung in
% (entspr. Schewerbehindertenausweis)**
| | | | |%
000= keine Schwerbehinderung

207.2

Art der Schwerbehinderung, Funktionsbeeinträchtigung durch (nur ausfüllen, wenn Schwerbehinderung > als 0)
Mehrfachnennungen möglich
1. ☐ fehlendes oder beeinträchtigtes Sehvermögen
2. ☐ fehlendes oder beeinträchtigtes Hörvermögen
3. ☐ Beeinträchtigung der Sprache
4. ☐ Beeinträchtigung der Bewegungsfähigkeit (Gehhilfe)
5. ☐ außergewöhnliche Beeinträchtigung der Bewegungsfähigkeit (Rollstuhl)
6. ☐ Anfallserkrankungen
7. ☐ psychische Erkrankungen
8. ☐ chronischer Alkoholismus mit Folgeerkrankungen wie hirnorganisches Psychosyndrom, Polyneuropathie, Leberzirrhose etc.
9. ☐ sonstiges, nämlich
   ....
10.☐ Behinderungen oder Beeinträchtigungen, die nicht im Schwerbehindertenausweis erfasst sind
   ....

208   Soziale Kontakte
(Mehrfachnennungen möglich)
1. ☐ zur Familie
2. ☐ Freunde, Bekannte außerhalb der Einrichtung
3. ☐ Selbsthilfegruppe, Kirche, Verein etc.
4. ☐ innerhalb der Einrichtung
5. ☐ sonstige

209   Rückfälle seit letzter Erhebung (erst ab zweiter Erhebung ausfüllen)
0. ☐ kein Rückfall seit letzter Erhebung
1. ☐ ein Rückfall seit letzter Erhebung
2. ☐ zwei Rückfälle seit letzter Erhebung
3. ☐ drei oder mehr Rückfälle seit letzter Erhebung

210   Pflegestufe (nach Einstufung durch den MDK)
0. ☐ keine
1. ☐ I
2. ☐ II
3. ☐ III

211   Medikamente
1. ☐ keine Medikamente
2. ☐ Neuroleptika
3. ☐ Antidepressiva
4. ☐ Antiepileptika
5. ☐ Nootropika
6. ☐ Anti-Parkinson-Mittel
7. ☐ Herz-Kreislaufmedikamente
8. ☐ Antithrombosepräparate
9. ☐ Vitamin-B Präparat
10.☐ Broncholytika / Antiasthmatika
11.☐ Insuline
12.☐ Harnwegsmittel
13.☐ Antirheumatika
14.☐ Magen-Darm-Präparate
15.☐ Anticraving-Substanzen (Campral)
16.☐ Schmerzmedikamente
17.☐ sonstiges

Beurteilung von Alltagsaktivitäten (ADL-Activities of Daily Living)

300   An- und Ausziehen

1. ☐ kleidet sich selbständig an und aus, wählt angemessene Kleidung (Witterung; Anlaß) und wechselt Wäsche
2. ☐ kleidet sich selbständig an und aus, bedarf gelegentlicher Unterstützung oder Erinnerung bezügl. Wäschewechsel etc.
3. ☐ An- und Auskleiden ohne oder mit geringer Unterstützung möglich, Bewohner braucht jedoch Erinnerung an Wäschewechsel und Hilfe bei der Auswahl passender Kleidung (Saison, Wetter, Anlaß etc.)
4. ☐ An- und Auskleiden, Wäschewechsel etc. nur nach Aufforderung, mit leichter Hilfestellung (Aussuchen und Bereitlegen der Wäsche) möglich
5. ☐ An- und Auskleiden nur mit erheblicher aktiver Unterstützung und Kontrolle möglich
6. ☐ vollständige Unfähigkeit, sich selbst an- und auszukleiden

301   Benutzt öffentliche Verkehrsmittel

1. ☐ benutzt selbständig und ohne Hilfe öffentliche Verkehrsmittel; ist in der Lage, Fahrpläne, Streckennetze etc. zu verstehen; kommt dort an, wo er hinwill und auch zurück
2. ☐ benutzt selbständig öffentliche Verkehrsmittel, kleinere Unsicherheiten bei der Planung, findet sich jedoch zurecht, fragt gegebenenfalls
3. ☐ benutzt öffentliche Verkehrsmittel auf bekannten Strecken oder mit klaren Vorgaben (Zettel mit Busnummern, Haltestellen, Abfahrtzeiten etc.)
4. ☐ Benutzung von öffentlichen Verkehrsmitteln nur in Begleitung (evtl. Mitbewohner) möglich, leichte Hilfestellungen nötig
5. ☐ Benutzung von öffentlichen Verkehrsmitteln nur mit erheblicher aktiver Unterstützung (Mitarbeiter / Mitarbeiterin) möglich
6. ☐ vollständige Unfähigkeit, alleine ein öffentliches Verkehrsmittel zu benutzen

302   Essen und Trinken

1. ☐ ißt völlig selbständig, "zivilisiert" und unauffällig
2. ☐ selbständiges Essen und Trinken möglich, geringe oder gelegentliche Auffälligkeiten bei "Tischmanieren" (Schmatzen, Schlürfen, Rülpsen, Kleckern, Horten, "Stiebitzen" etc.).
3. ☐ Essen und Trinken mit leichten Hilfestellungen (Servieren, Zurechtlegen) möglich
4. ☐ Essen und Trinken ohne oder mit geringer Unterstützung möglich, jedoch Schwierigkeiten in der Handhabung des Eßgeschirrs und/oder deutlichere Auffälligkeiten bei "Tischmanieren" (Maßlosigkeit, Schmatzen, Schlürfen, Rülpsen, Kleckern, Schlingen, Horten, "Stiebitzen" etc.)
5. ☐ Essen und Trinken nur mit erheblicher aktiver Hilfe, Unterstützung (z.B. Zurechtschneiden von Fleisch und Gemüse) und Kontrolle möglich
6. ☐ Essen und Trinken alleine nicht möglich, vollständige Unfähigkeit, sich selbst zu ernähren, muß gefüttert werden

303   Körperhygiene

1. ☐ selbständig ohne Hilfe und Aufforderungen in allen Bereichen (Zahnpflege, Haarwäsche, Kämmen, Waschen, Baden oder Duschen, bei Männern Rasieren) möglich, Pat. legt Wert auf Sauberkeit
2. ☐ weitestgehend selbständig ohne Hilfe und Aufforderungen in fast allen Bereichen (Zahnpflege, Haarwäsche, Kämmen, Waschen, Baden oder Duschen, bei Männern Rasieren) möglich
3. ☐ kann alle Funktionen selbständig ausführen, braucht jedoch Anstöße
4. ☐ kleinere Hilfestellungen in einzelnen Funktionen notwendig, Bewohner braucht Stichworte, Aufforderung und Erinnerung
5. ☐ bei allen Maßnahmen der Körperhygiene Anwesenheit, aktive Unterstützung und Kontrolle durch Mitarbeiter erforderlich
6. ☐ vollständige Unfähigkeit, alleine für Körperhygiene zu sorgen, Hygienemaßnahmen beim Pat. müssen von Mitarbeitern durchgeführt werden

304   Interaktion und Kommunikation

1. ☐ normale und unauffällige soziale Interaktion und Kommunikation möglich, kann sich über praktisch alles verständigen, versteht (entsprechend seinem Bildungsniveau) alles, was man ihm sagt
2. ☐ soziale Interaktion und Kommunikation möglich, keine Verständigungsschwierigkeiten bei einfachen und klaren Fragen und Instruktionen

3. ☐ soziale Interaktion und Kommunikation möglich, zunehmende Schwierigkeiten bei komplexeren Sachverhalten
4. ☐ Kommunikation und Interaktion erschwert, komplexere Sachverhalte können weder verstanden noch vermittelt werden
5. ☐ Kommunikation und Interaktion nur sehr schwer möglich, auch einfachste Instruktionen und Fragen werden kaum verstanden, Bewohner kann selbst nur einfachste Sachverhalte vermitteln
6. ☐ Kommunikation nicht möglich, Bewohner versteht nicht, was man ihm sagt, kann sich selbst nicht verständlich machen

305   Integration

1. ☐ Bewohner zeigt Initiative für Anliegen der Gruppe oder der Hausgemeinschaft, ist kooperativ, hilfsbereit und engagiert
2. ☐ Bewohner zeigt Interesse für Anliegen der Gruppe oder der Hausgemeinschaft, zeigt, gegebenenfalls nach Anregung oder Aufforderung Bereitschaft, mitzumachen, zu helfen und sich zu engagieren
3. ☐ Bewohner nimmt Anliegen der Gruppe oder der Hausgemeinschaft wahr, zeigt von sich aus jedoch keine Initiative und Engagement für deren Belange, hat Schwierigkeiten bei der Integration nimmt aber Hilfe und Unterstützung an
4. ☐ wenig Interesse für Anliegen der Gruppe oder der Hausgemeinschaft, zeigt von sich aus keine Bereitschaft, sich zu engagieren, hat große Schwierigkeiten bei der Integration
5. ☐ Desinteresse für Anliegen der Gruppe oder der Hausgemeinschaft, ist wenig kooperativ, kann nur mit erheblichem Aufwand in Gruppengeschehen einbezogen werden
6. ☐ völliges Desinteresse für Anliegen der Gruppe oder der Hausgemeinschaft, ist unkooperativ, widersetzt sich den Bemühungen der Mitbewohner und Betreuer, ist aggressiv, distanzlos oder isoliert und zurückgezogen

306   Orientierung im Haus

1. ☐ findet sich sehr gut und ohne Schwierigkeiten innerhalb des Hauses zurecht, weiß genau, wo wer oder was zu finden ist
2. ☐ gute Orientierung im Haus, reicht für alle alltagsrelevanten Anliegen
3. ☐ befriedigende Orientierung im Haus, kleine Unsicherheiten, kommt jedoch klar, fragt gegebenenfalls nach dem Weg
4. ☐ Kann sich innerhalb des Hauses nur mit Mühe orientieren, ist auf externe Orientierungshilfen wie Symbole, Pfeile an den Wänden etc. und Unterstützung durch Andere angewiesen
5. ☐ ist desorientiert und verwirrt, findet sich innerhalb des Hauses nur schwer und mit erheblicher Hilfe zurecht
6. ☐ ist vollkommen desorientiert und verwirrt, findet sich innerhalb des Hauses überhaupt nicht zurecht

307   Gedächtnis / Merkfähigkeit

1. ☐ Gedächtnis (Kurz- und Langzeitgedächtnisfunktionen sowie die Fähigkeit, neue Informationen zu speichern und bei Bedarf abzurufen) altersadäquat sehr gut erhalten
2. ☐ Gedächtnis (Kurz- und Langzeitgedächtnisfunktionen sowie die Fähigkeit, neue Informationen zu speichern und bei Bedarf abzurufen) altersadäquat gut erhalten, geringe Störungen nur in Teilbereichen, kommt gut zurecht
3. ☐ Gedächtnisfunktionen in Teilbreichen beeinträchtigt, gelegentliche Erinnerung oder Unterstützung ausreichend
4. ☐ deutliche Beeinträchtigungen der Gedächtnisfunktionen, kommt jedoch mit externen Gedächtnishilfen (Stundenplänen, Signaluhren, elektronischen Timern etc.) oder Erinnerung durch Mitbewohner / Betreuer einigermaßen zurecht
5. ☐ grosse und umfassende Gedächtnisprobleme in nahezu allen Bereichen, Organisation des Alltags nur mit erheblicher Hilfe und Unterstützung durch Mitarbeiterin / Mitarbeiter möglich
6. ☐ kann überhaupt nichts behalten, vergißt alles sofort

308   Termine einhalten

1. ☐ hält sich immer korrekt an Termine und Vereinbarungen
2. ☐ hält sich meist an Termine und Vereinbarungen
3. ☐ versucht, Termine und Vereinbarungen einzuhalten, gelingt jedoch nicht immer
4. ☐ hat Schwierigkeiten bei der Einhaltung von Terminen und Vereinbarungen, muß erinnert und unterstützt werden
5. ☐ hat erhebliche Schwierigkeiten bei der Einhaltung von Terminen und Vereinbarungen, muß ständig meist erinnert und unterstützt oder abgeholt werden
6. ☐ ist absolut nicht in der Lage, auch nur einen Termin oder eine Vereinbarung einzuhalten

309 Findet sich außerhalb der Einrichtung zurecht

1. ☐ findet sich sehr gut und ohne Schwierigkeiten außerhalb der Einrichtung zurecht, kennt sich gut aus, findet sich auch auf neuen Wegen zurecht
2. ☐ gute Orientierung außerhalb der Einrichtung, reicht für alle Alltagsanforderungen
3. ☐ befriedigende Orientierung außerhalb der Einrichtung, kleine Unsicherheiten, kommt jedoch klar, fragt gegebenenfalls nach dem Weg
4. ☐ kann sich außerhalb des Hauses nur mit Mühe orientieren
5. ☐ grössere Schwierigkeiten sich zu orientieren, findet sich außerhalb der Einrichtung nur in Begleitung zurecht
6. ☐ ist vollkommen desorientiert und verwirrt, findet sich außerhalb der Einrichtung überhaupt nicht zurecht, kann Einrichtung nur in Begleitung verlassen

310 Sauberkeit im Zimmer

1. ☐ reinigt völlig selbständig und ohne Aufforderung sein Zimmer, ist um Sauberkeit und Ordnung bemüht
2. ☐ selbständige Reinigung des Zimmers, selten oder kaum Kontrolle oder Hilfestellung nötig
3. ☐ Reinigung des Zimmers ohne oder mit geringer Unterstützung möglich, evtl. Erinnerung oder Aufforderung nötig
4. ☐ Reinigung des Zimmers nur mit Unterstützung möglich, braucht Stichworte, Zureden, Hilfe bei Handhabung oder Dosierung von Reinigungsmitteln etc.
5. ☐ Sauberkeit im Zimmer nur mit erheblicher aktiver Hilfe und Kontrolle möglich
6. ☐ alleine nicht möglich, vollständige Unfähigkeit, alleine für die Sauberkeit im Zimmer zu sorgen

311 Arbeitsverhalten in der Einrichtung, WfB, oder externer Arbeitsplatz (evtl. Arbeitstherapeuten/in konsultieren)

1. ☐ arbeitet in seinem Arbeitsbereich sorgfältig, zuverlässig und selbständig
2. ☐ bemüht sich, meist mit gutem Ergebnis, in seinem Arbeitsbereich um sorgfältiges, zuverlässiges und selbständiges Arbeiten
3. ☐ Arbeit ohne oder mit geringer Unterstützung möglich, Arbeitsergebnisse befriedigend, gegebenenfalls Einteilung in überschaubare Arbeitsschritte und klare Vorgaben notwendig
4. ☐ Beteiligung lediglich an kleineren und überschaubaren Arbeitsprozessen möglich, nur mit Unterstützung, aktiver Hilfe (Zeigen, Vormachen etc.) und Kontrolle
5. ☐ ist nur in geringem Umfang in der Lage, überhaupt an Arbeitsprozessen teilzunehmen, muß angehalten und aufgefordert werden
6. ☐ vollständige Unfähigkeit, an Arbeitsprozessen teilzunehmen

312 Umgang mit (Taschen-) Geld

1. ☐ kann selbständig und eigenverantwortlich mit Taschengeld umgehen, kommt mit seinem Geld aus, plant Ausgaben, bekommt gesamtes Taschengeld ausbezahlt
2. ☐ kann weitestgehend selbständig und eigenverantwortlich mit Taschengeld umgehen, kommt meist mit seinem Geld aus, bekommt gesamtes Taschengeld ausbezahlt
3. ☐ kommt meist mit seinem Taschengeld aus, gelegentliche Hilfe, Unterstützung und Beratung durch Betreuer notwendig
4. ☐ kann nur mit kleineren und überschaubaren Geldmengen umgehen, tendiert zu planloser Geldausgabe, Taschengeldeinteilung notwendig (wöchentlich)
5. ☐ grosse Schwierigkeiten im Umgang mit Taschengeld, kommt alleine überhaupt nicht zurecht, Geld muß eingeteilt werden, gegebenenfalls auch täglich
6. ☐ ist nicht in der Lage, angemessen mit Taschengeld umzugehen, verliert Geld, gibt Geld für unnötige Dinge aus, kommt nie zurecht, Taschengeld muß verwaltet und eingeteilt werden, gegebenenfalls täglich Zuteilung in kleineren Einheiten oder gar keine Aushändigung (nur Sachwerte, Zigaretten, Schokolade etc.)

313 Einkaufen

1. ☐ geht selbständig einkaufen, vergleicht Preise, weiß, wo er was am günstigsten bekommt, kauft kostenbewußt
2. ☐ kann selbständig einkaufen, kauft jedoch gelegentlich planlos oder Dinge, die nicht gebraucht werden
3. ☐ Einkaufen, nach Absprache, mit Einkaufsliste, eingeteiltem Geld etc. auch alleine oder mit geringer Unterstützung möglich
4. ☐ Einkaufen mit aktiver Unterstützung möglich (Begleitung Mitbewohner / Betreuer)
5. ☐ Einkaufen nur in Begleitung, mit erheblicher Hilfe, Unterstützung und Kontrolle möglich
6. ☐ vollständige Unfähigkeit, alleine oder mit Hilfe einkaufen zu gehen, Einkäufe müssen von anderen übernommen werden

314 „Realitätsbezug„

1. ☐ hat einen normalen Realitätsbezug
2. ☐ hat keine wesentliche Beeinträchtigung des Realitätsbezuges
3. ☐ Schwierigkeiten im Realitätsbezug führen zu leichten Problemen im Verhalten, ist aber nicht auf Hilfe angewiesen
4. ☐ Schwierigkeiten im Realitätsbezug führen zu Problemen im Verhalten, manchmal auf Hilfe angewiesen
5. ☐ Schwierigkeiten im Realitätsbezug führen zu Problemen im Verhalten, ist häufig auf Hilfe angewiesen
6. ☐ hat keinerlei Realitätsbezug

315 "Behandlungsmotivation"

1. ☐ nimmt engagiert und gerne an allen Behandlungselementen teil
2. ☐ nimmt an allen Behandlungsformen teil, zeigt aber manchmal oder bei bestimmten Formen der Behandlung geringere Motivation
3. ☐ zeigt eine eher mäßige oder unbeständige Behandlungsmotivation. Er nimmt an allen Behandlungsformen teil, muß aber zuweilen erinnert, aufgefordert oder „mitgenommen„ werden
4. ☐ muß häufig zur Teilnahme an der Behandlung motiviert oder aufgefordert werden
5. ☐ muß meist und oft auch mit Nachdruck zur Teilnahme an der Behandlung motiviert oder aufgefordert werden
6. ☐ wehrt und weigert sich an der Behandlung teilzunehmen

316 "Freizeitbeschäftigung"

1. ☐ kann sich gut in seiner Freizeit beschäftigen, er hat Hobbies und Interessen
2. ☐ kann sich in seiner Freizeit meist gut beschäftigen
3. ☐ zeitweilig Probleme mit freier Zeit, braucht gelegentlich Impulse oder Anregungen anderer
4. ☐ häufig Probleme mit freier Zeit, ist meist auf Impulse oder Anregungen von Mitbewohnern oder Betreuern angewiesen
5. ☐ erhebliche Probleme in der Freizeitgestaltung, braucht immer Hilfe anderer
6. ☐ kann sich auch mit Hilfe und Unterstützung in seiner Freizeit nicht sinnvoll beschäftigen

317 "Umgang mit Aggressionen"

1. ☐ kann in „gesunder„ und situationsadäquater Weise mit seinen Aggressionen umgehen
2. ☐ kann meist in „gesunder„ und situationsadäquater Weise mit seinen Aggressionen umgehen
3. ☐ zuweilen Probleme im Umgang mit Aggressionen, die jedoch meist mit eigenen Möglichkeiten oder mit geringer Unterstützung anderer gelöst werden können, leichte Schwierigkeit bei der Impulskontrolle oder Tendenz zu Überangepaßtheit
4. ☐ Probleme im Umgang mit Aggressionen, die meist nicht ohne Unterstützung anderer gelöst werden können, Schwierigkeiten bei der Impulskontrolle oder deutliche Tendenz zu Überangepaßtheit
5. ☐ erhebliche Schwierigkeiten im Umgang mit Aggressionen, die auch mit Hilfe nicht vollständig vermieden werden können, erhebliche Schwierigkeiten bei der Impulskontrolle oder hohe Tendenz zu Überangepaßtheit
6. ☐ ist häufig aggressiv, feindselig oder unbeherrscht, kann auch in beschützender und kontrollierender Umgebung überhaupt nicht mit seinen aggressiven Impulsen umgehen, verweigert sich völlig

318 "Umgang mit Belastungen"

1. ☐ kann für ihn belastende Situationen erkennen und in „gesunder„, situationsadäquater Weise mit ihnen umgehen
2. ☐ kann für ihn belastende Situationen meist erkennen und mit ihnen umgehen
3. ☐ zuweilen Probleme beim Erkennen von oder im Umgang mit belastenden Situationen, die jedoch meist mit geringer Unterstützung anderer bewältigt werden können
4. ☐ Probleme im Umgang mit belastenden Situation, die meist nicht ohne Unterstützung und Hilfe anderer bewältigt werden können
5. ☐ Erhebliche Schwierigkeiten im Erkennen von und im Umgang mit belastenden Situationen, aktive Hilfe und Unterstützung anderer in jedem Fall notwendig
6. ☐ Größte Schwierigkeiten im Erkennen von und im Umgang mit belastenden Situationen, ohne Unterstützung überhaupt nicht in der Lage, mit belastenden Situationen umzugehen

319 "Umgang mit Krankheiten"

1. ❏ geht in angemessener und achtsamer Art und Weise mit Erkrankungen, körperlichen Beschwerden oder Verletzungen um und verhält sich gesundheitsbewußt
2. ❏ geht meist in angemessener Art und Weise mit Erkrankungen und körperlichen Beschwerden und Verletzungen um
3. ❏ Es bestehen zuweilen Probleme im Erkennen von und im Umgang mit Erkrankungen, körperlichen Beschwerden und Verletzungen. Er geht entweder zu sorglos oder zu besorgt mit körperlichen Symptomen um, meist kann jedoch mit geringer Unterstützung anderer ein „gesunder„ und angemessener Umgang ermöglicht werden.
4. ❏ Probleme im Umgang mit Erkrankungen, körperlichen Beschwerden und Verletzungen, neigt zu erheblicher Unter- oder Überbewertung körperlicher Beschwerden, kann ohne Unterstützung und Hilfe anderer nicht angemessen mit körperlichen Symptomen oder Verletzungen umgehen
5. ❏ Erhebliche Schwierigkeiten im Umgang mit Krankheiten, nimmt körperliche Beschwerden nicht wahr und ignoriert oder aber überbewertet sie völlig, kein fürsorglicher Umgang mit dem eigenen Körper, „Fürsorge„ und aktive Unterstützung durch andere nötig
6. ❏ Ist vollständig auf andere Menschen angewiesen, die sich um seine Gesundheit kümmern

320 "Konfliktlösungsverhalten"

1. ❏ hat ein gutes Repertoire an Möglichkeiten zur Bewältigung von Konflikten, kann in „gesunder„ und situationsadäquater Weise mit Konflikten umgehen
2. ❏ kann meist gut mit Konflikten zurechtkommen
3. ❏ verfügt über eigene Konfliktbewältigungsmöglichkeiten. Braucht aber dennoch gelegentlich Unterstützung anderer
4. ❏ Probleme bei der Bewältigung von Konflikten, die meist nicht ohne Unterstützung und Hilfe anderer erfolgen kann
5. ❏ erhebliche Schwierigkeiten im Umgang mit Konflikten. Bewohner ist ohne Unterstützung kaum in der Lage, eigene Möglichkeiten zur Bewältigung von Konflikten zu entwickeln.
6. ❏ größte Schwierigkeiten im Umgang mit Konflikten, ist nicht in der Lage, eigene Möglichkeiten zur Bewältigung von Konflikten zu entwickeln

321 "Abstinenzfähigkeit/Abstinenzsicherheit innerhalb der Einrichtung„

1. ❏ kann innerhalb der Einrichtung gut ohne Alkohol oder Medikamente (oder andere Suchtmittel, ausgenommen Nikotin) leben. Offensichtlich zufriedene und sichere Suchtmittelfreiheit
2. ❏ ansatzweise zufriedene und unter beschützenden Bedingungen relativ stabile Suchtmittelfreiheit
3. ❏ unter beschützenden Bedingungen meist relativ stabil, jedoch Phasen der Ambivalenz und Gefährdung, in denen zumindest gelegentliche Unterstützung gebraucht wird
4. ❏ latente Rückfallgefährdung vorhanden. Braucht regelmäßige Unterstützung und Hilfe anderer um abstinent bleiben und Krisen bewältigen zu können
5. ❏ ist ohne schützendes und stabilisierendes soziales Umfeld sehr stark rückfallgefährdet
6. ❏ keine eigene Kompetenz zur Aufrechterhaltung der Abstinenz. Abstinenz nur durch dauernde „externale Kontrolle„ möglich

322 "Einsicht in die Abhängigkeitsproblematik„

1. ❏ ist sich seiner Abhängigkeit klar bewußt, versucht, sein Leben entsprechend zu planen und zu gestalten
2. ❏ ist sich seiner Abhängigkeit meist bewußt und versucht, sich darauf einzustellen
3. ❏ Einsicht in die Abhängigkeitsproblematik meist gegeben, gelegentliche Illusionen oder Verkennung der eigenen Möglichkeiten im Umgang mit dem Suchtmittel
4. ❏ Einsicht in eigene Abhängigkeit nur teilweise oder nicht immer vorhanden.
5. ❏ meist fehlende Einsicht in eigene Abhängigkeit.Tendenz zur Verleugnung, Bagatellisierung oder Verharmlosung der Abhängigkeit
6. ❏ keinerlei Einsicht in Abhängigkeitsproblematik

323 "Emotionale Akzeptanz der Abhängigkeit„

1. ☐ hat offensichtlich suchtmittelabstinentes Leben für sich als gesündeste Lebensform akzeptiert und bejaht diese Lebensform
2. ☐ hat akzeptiert, auf Suchtmittel verzichten zu müssen, um gesund zu bleiben
3. ☐ kann, wenn auch nicht durchgängig, damit leben, auf Suchtmittel verzichten zu müssen, um gesund zu bleiben
4. ☐ Schwierigkeiten, die Abhängigkeit zu akzeptieren und sein Leben entsprechend zu organisieren
5. ☐ erhebliche Schwierigkeiten, die Abhängigkeit zu akzeptieren und sein Leben entsprechend zu organisieren
6. ☐ keinerlei emotionale Akzeptanz der Abhängigkeit möglich

324 "Besondere Fähigkeiten/Spezialbegabungen„

1. ☐ menschliche*
2. ☐ mathematische*
3. ☐ Gedächtnis*
4. ☐ musische/künstlerische*
5. ☐ sprachliche*
6. ☐ handwerkliche*
7. ☐ sonstige*...

*Bitte, wenn möglich, näher erläutern!

....

....

....

....

....

325 „Ergänzungen und Kommentare„

Die Unterschiedlichkeit von Menschen in ihrer Individualität kann durch Fragebogen nur sehr unvollständig erfaßt und abgebildet werden. Deshalb bitte hier in freier Form Ergänzungen und Kommentare anfügen, die Aspekte betreffen, die durch die Fragen bis Nr. 324 noch nicht erfaßt wurden, also auch kleine Entwicklungsschritte, Fähigkeiten, Potentiale, Ressourcen oder Defizite des Bewohners oder der Bewohnerin. (Gegebenenfalls Rückseite verwenden!)

....

....

....

....

....

....

Ausgefüllt am:	Ausgefüllt von:

© Fachausschüsse Sucht / Soziotherapie des AHG-Wissenschaftsrates (Hrsg.), Hilden (1999)

Soziotherapie der AHG

Beurteilungsbogen für die Arbeitstherapie

Name: **Gruppe:**   **Bereich:**   **Zeitraum:**

		1	2	3	4	5	Bemerkungen / Prognosen
I.	**ARBEITSVERHALTEN**						
1.	Pünktlichkeit						
2.	Zuverlässigkeit						
3.	Sorgfalt						
	- Sauberkeit						
	- Genauigkeit						
4.	Motorik						
	- Feinmotorik						
	- Grobmotorik						
5.	erfaßt Arbeitsauftrag						
6.	Flexibilität						
	- beim Arbeiten						
	- insgesamt						
7.	erfaßt Arbeitsprozeß						
8.	Kreativität						
9.	Holt sich Hilfe						
	- beim Therapeuten						
	- bei Mitklienten						
10.	Kritikfähigkeit						
	- gegenüber Therapeuten						
	- gegenüber Mitklienten						
	- äußert Kritik						
11.	Kontrolle						
II.	**VERFASSUNG IM AT-BEREICH**						
1.	körperlich						
2.	geistig						
3.	sozial						
4.	handwerklich						
III.	**ARBEITSZUFRIEDENHEIT**						
1.	hat Spaß an der Arbeit						
2.	hat Erfolg bei Arbeit						
3.	fühlt sich sicher im AT Bereich						
IV.	**BEDEUTUNG DER AT**						
1.	Aus Sicht des Klienten						
2.	Aus Sicht des Therapeuten für die Entwicklung						
3.	Wichtigkeit für die Tagesstruktur						
V.	**Sonstige Bemerkungen:**						

Soziotherapie der AHG

BT-Erhebungsbogen

		Ja	eher Ja	eher Nein	Nein	nicht bewertbar	Bemerkungen
1	Elementare Grundfähigkeiten						
1.1	Orientierung zur Person						
1.2	Orientierung räumlich, zeitlich						
1.3	Persönliche Hygiene						
1.4	Kurzzeitgedächtnis						
1.5	Wahrnehmung: optisch						
1.6	Wahrnehmung: akustisch						
1.7	Wahrnehmung: olfaktorisch						
1.8	Wahrnehmung: taktil						
1.9	Konzentration						
1.10	Ausdauer (mit Zeitangabe)						
2	Soziale und emotionale Fähigkeiten						
2.1	Kontakt zu Therapeuten						
2.2	Kontakt zu Mitbewohnern						
2.3	Selbstvertrauen						
2.4	Selbständigkeit						
2.5	Umgang mit Stress/Frustrationstoleranz						
2.6	Motivation						
3	Spezielle Fähigkeiten						
3.1	Planungsfähigkeit						
3.2	Genauigkeit						
3.3	Arbeitstempo						
3.4	Räumliches Vorstellungsvermögen						
3.5	Sprachlogisches Verständnis						
3.6	Umgang mit Zahlenmaterial						
3.7	Kreativität: Form, Farbe, Sprache, Problemlösung						
4	Motorische Fähigkeiten						
	Konditionelle Fähigkeiten:						
4.1	Kraft						
4.2	Ausdauer						
4.3	Schnelligkeit						
4.4	Beweglichkeit						
	Koordinative Fähigkeiten:						
4.5	Gleichgewicht dynamisch						
4.6	Gleichgewicht statisch						
4.7	Rhythmus						
4.8	Dosierung						
4.9	Orientierung						
4.10	Kopplungsfähigkeit						
4.11	Reaktion						
4.12	Umstellungsfähigkeit						
5	Besonderheiten:						
6	Interessen:						
7	Therapievorschläge:						

**Soziotherapie
der AHG**

SPORTTHERAPIE

Datum :_____

Bewegungsfachlicher Aufnahmebogen

1 Organisatorische Daten

Name:_____   Vorname:_____

Geburtsdatum:_____   Aufnahmedatum:_____

2 Physiologische Daten

Größe:_____   Gewicht:_____   BMI:_____

RR: Ruhe:_____   Belastung:(15 Kniebeugen)_____

Puls: Ruhe:_____   Belastung:(15 Kniebeugen)_____

3 Anamnestische Daten

Diagnosen:

Medikation :

pers.Gespräch: (Bewegungserfahrungen, Freizeitverhalten,Hobbys):

4 Physiognomische Daten

Lateralität: _____

Hilfen: Brille: _____   Hörgerät: _____

            Sonstiges:

Besonderes: WS:

            Extremitäten:

5 Alltagsbewegungsdaten

Treppensteigen: aufwärts: _____

                 abwärts: _____

Gehen: vorwärts:

            rückwärts:

            geschlossene Augen:

            Fuß vor Fuß:

            übersteigen:

Stand:

Fingerfunktion, Hüftbeweglichkeit: Schuhe zubinden:

Gesamtinspektion: Körpertyp, Symmetrien, Haltungsstatus

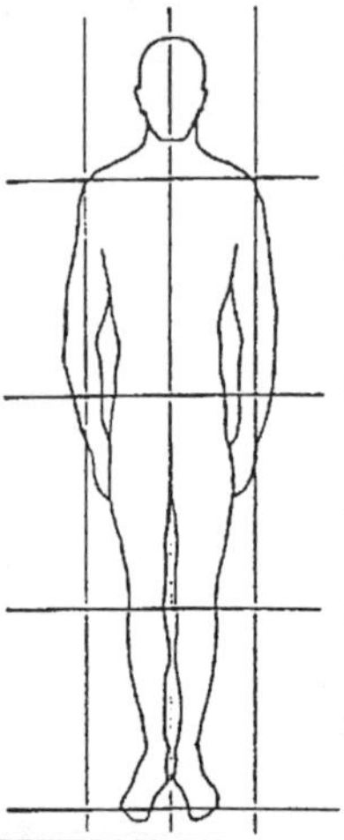

Kopfhaltung ———————— ☐

Schulter-/Nackensymmetrie? ———— ☐

Wirbelsäulenform? ———— ☐

Beckenstellung? ———— ☐

Armlänge? ———— ☐

Beinachsensymmetrie? ———— ☐

Fußstellung? ———— ☐

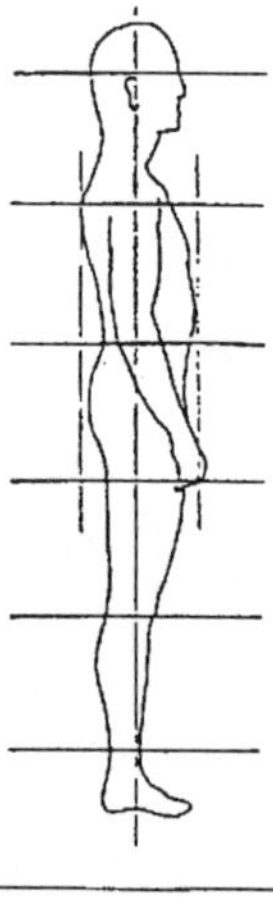

Kopfstellung? ———— ☐

Hals-/Nackenkrümmung? ———— ☐

BWS-/LWS-Schwingung? ———— ☐

Beckenstellung? ———— ☐

Kniestellung? ———— ☐

Fußwölbung? ———— ☐

Bemerkungen:

Abb.1:

DVGS-Befundbogen (nach KONRAD, FROBÖSE, LAGERSTRØM 1989)

Bewegungsfachlicher Aufnahmebogen

Anmerkungen:

Allgemeines

Der Bewegungsfachliche Aufnahmebogen dient der Erfassung von Daten, die im bewegungstherapeutischen Bereich zur Therapiezielerstellung für neu aufgenommene Bewohner oder Bewohnerinnen relevant sind. Darüberhinaus stellt er einen Teil der ganzheitlichen, interdisziplinären Aufnahmearbeit im Haus Remscheid dar. Zusammen mit anderen Daten und Beobachtungen trägt er im Rahmen der Teamarbeit zur Erstellung eines möglichst kompletten und kompetenten Bildes des neues Bewohners bei.

Organisation

Die Daten werden vom Sporttherapeuten innnerhalb der ersten beiden Wochen nach der Aufnahme des Bewohners erhoben. Dabei sind der medizinische Bereich, der jeweilige Gruppenbetreuer und der Konsiliararzt beteiligt. Die Ergebnisse werden im Team vorgestellt.

Durchführung

Bereits vorhandene Daten werden vom Sporttherapeuten aus den Unterlagen entnommen (betrifft insbesondere die Teile 1-3). Die weiteren Daten werden in einem Aufnahmegespräch erhoben. Die Tests sind so gewählt, daß insgesamt eine Zeitdauer von 30 Minuten nicht überschritten wird, damit die Praktikabilität gwährleistet ist und eine Überforderung des Bewohners vermieden wird.

Daten

Organisatorische Daten

Hier werden die wichtigsten persönlichen Daten des Bewohners notiert. Weiterhin wird das Erfassungsdatum notiert, um evtl. Vergleiche mit späteren Untersuchungen zu ermöglichen.

Physiologische Daten

Hier werden in Zusammenarbeit mit dem medizinischen Bereich physiologische Grunddaten erhoben.
Der Body-Mass-Index (BMI) gibt durch die Formel Körpergewicht (in Kilogramm) geteilt durch die Körpergröße (in Metern) zum Quadrat einen Faktor an, dem verschiedene Bereiche gesundheitsorientierten Körpergewichtes zugeordnet sind.

Blutdruck und Puls werden sowohl in Ruhe als auch nach Belastung gemessen. Als physische Belastung wurden hierbei 15 Kniebeugen ausgewählt, da diese Übung im Umfang für die unterschiedlichen körperlichen Voraussetzungen der Bewohner bei der Aufnahme geeignet erscheint. Außerdem ist diese Übung allen bekannt.

Anamnestische Daten

Die Daten werden aus den vorliegenden Berichten übernommen. Der Schwerpunkt der verwendeten Daten liegt bei der Auswirkung auf Bewegungsfähigkeit, Einschränkung durch Vorerkrankungen oder mögliche Nebenwirkungen durch Medikamente. Dazu erfolgt ergänzend die Begutachtung durch den Konsiliararzt.
Im persönlichen Gespräch zwischen Sporttherapeut und Bewohner wird demgegenüber auf vorhandene Ressourcen oder Erfahrungen im Sport- und Freizeitbereich, die Ansatzpunkte für Zieldefinitionen bieten können, eingegangen.

Physiognomische Daten

Die Erhebung der physiognomischen Daten dient dazu, Besonderheiten bei körperlichen Funktionen festzustellen, um sie im alltäglichen Umgang mit dem Bewohner zu berücksichtigen.
Die persönliche Begutachtung durch den Sporttherapeuten ist die Grundlage zu dieser Datengewinnung. Angaben des medizinischen Bereiches und vorhandene Berichte komplettieren das Gesamtbild.

Alltagsbewegungsdaten

Die verschiedenen Tests zur Erhebung der Alltagsbewegungsdaten sind nicht standardisiert, sondern sie sind entstanden aus der jahrelangen bewegungsfachlichen Arbeit mit den Bewohnern. Sie sind speziell auf die täglichen Erfordernisse ausgerichtet.Die Ergebnisse können somit einen ersten Eindruck über die Fähigkeiten des Bewohners im Alltagsleben wiederspiegeln.
Lediglich der Test zur Hand-,Fingerkoordination mit den Tischtennisbällen ist aus dem Sportbereich entnommen, ist allerdings auch nicht standardisiert.

„Ziel-Abklärungs-Prozeß (ZAP)*

1. Bio-psycho-soziale Problembestimmung und darauf abgestimmte Zielbestimmung
Feststellung der Probleme in den diversen Lebensbereichen (Suchtproblematik, körperlicher Zustand, psychischer Zustand, Wohnsituation usw.), des jeweiligen Veränderungswunsches sowie der darauf bezogenen „Zielidee".

2. Rangreihenbildung der Ziele
Reihung der Ziele (Ziel 1, 2, 3 usw.) durch den Klienten nach momentaner Bedeutsamkeit und Erreichbarkeit; Hinwendung zu Ziel Nr. 1 (z.B. „zukünftig keinerlei Alkohol mehr trinken").

3. Operationalisierung von Ziel 1
Präzisierung: Was ist mit Ziel 1 genau gemeint, woran kann man das Erreichen dieses Zieles genau erkennen? (Indikatoren der Zielerreichung herausfinden).

4. Klärung der Beweggründe für Ziel 1
Abklärung: Warum soll dieses Ziel angestrebt werden? (Klärung der impliziten empirischen und wertbezogenen Prämissen der Wahl genau dieses Zieles).

5. Erörterung negativer Folgen bei Erreichen von Ziel 1
Fokussierung der „Kontra-Veränderung-Seite": Welche unangenehmen Folgen hätte z.B. eine längere Abstinenzphase (z.b. stärkeres Erleben von Kontaktängsten, Gefühlen der Leere und depressiven Zuständen; als Folge davon sozialer Rückzug usw.)?

6. Bedenken alternativer Ziele innerhalb von Zielbereich 1
Thematisierung (Operationalisierung, Pro-Kontra-Abwägung) der alternativen Ziele „normales Trinken" und „kontrolliertes Trinken", falls Abstinenz angestrebt wird (und umgekehrt).

7. Vergleich der zuvor erörterten Ziele und Festlegung auf ein Behandlungsziel
(Schriftliche) Gegenüberstellung der Pro-Kontra-Argumente für die erörterten Ziele (Pro-Kontra-Matrix), Einräumen von Bedenkzeit, gemeinsame Festlegung eines Zieles (ev. gemeinsam mit PartnerIn).

8. Auswahl und Planung eines geeigneten Weges zur Zielerreichung
Keinen Vorgabe des vermeintlich richtigen Weges (z.B. „Jetzt machen Sie [am besten] dies und jenes ...!"), sondern Angebot von Optionen und genaue Ausarbeitung des konkreten Vorgehens.

9. Durchführung der Maßnahmen und begleitende Evaluation der Erreichung von Ziel 1
Durchführung des unter 8. gewählten Weges, dabei fortwährende Prüfung der Zielerreichung (z.B. mittels Goal Attainment Scaling).

10. Sukzessive Durchführung der Schritte 3-9 für die Zielbereiche 2, 3 usw.

---

* Körkel, J., Schindler, C. (1999). Ziele und Zielvereinbarungen in der Suchtarbeit, In: Fachverband Sucht (Hrsg.): Entscheidungen und Notwendigkeiten. Geesthacht: Neuland.

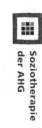

Soziotherapie der AHG

Betreuungsplan

Name:　　　　Bewohner-Nr.:　　　　Gruppe:　　　　Datum:

Ressourcen	Note	Individuelle Ziele	Maßnahmen/Begründung[1]	Zeit	Zuständigkeit Betreuerauftrag erteilt an	Rückmeldung
1. Abstinenz						
2. Psyche						
3. Geist. Fähigkeiten						
4. Orientierung						
5. Real. Lebens-planung						
6. Psychomotor. Koordination						
7. Umgang m. Krankheiten						

[1] Positive Bewertung bedeutet für die Maßnahmen Erhaltung der Fähigkeit

Ressourcen	Note	Individuelle Ziele	Maßnahmen/Begründung	Zeit	Zuständigkeit Betreuerauftrag erteilt an	Rückmeldung
8. Hygiene/ Körperpflege						
9. Ordnung/ Sauberkeit						
10. Zuverlässigkeit						
11. Sozialverhalten						
12. Arbeitsverhalten						
13. Praktische Fähigkeiten.						
14. Freizeit						
15. Außenkontakte						
16. Gesellsch. Aktivitäten						

Soziotherapie der AHG

Eingangsuntersuchung für Gedächtnistraining in   Haus Remscheid
Untersuchte Dimensionen (Manual auf Anfrage)

Nr.	Aufgabenbereich	Medium	++ sehr leicht gefallen	+ leicht gefallen	- schwer gefallen	-- sehr schwer gefallen
1	**Basisfähigkeiten**					
a)	Lesen	PP (Paper & Pencil)	fast fließend; kurze Pausen	fast fließend; längere Pausen	stockend, neu Ansetzen	sehr stockend, sehr oft neu Ansetzen
b)	Schreiben	PP	alle 17 Fehler gefunden	11-14 Fehler gefunden	5-10 Fehler gefunden	1-4 Fehler gefunden
c)	Wortschatz	PP	30-28	27-22	21-15	14-0
d)	Rechnen	PC	0-6 Fehler	7-10 Fehler	11-15 Fehler	16 und mehr

2	**Merkfähigkeit**					
a)	Codierung	PC	13 und mehr erkannt	12-10 erkannt	9-7 erkannt	7-0 erkannt
b)	Codierung	PC	13 und mehr erkannt	12-10 erkannt	9-7 erkannt	7-0 erkannt
c)	Merktyp	PC	8-7 gemerkt	6-5 gemerkt	4 gemerkt	3-0 gemerkt
d)	Merktyp	SP	8-7 gemerkt	6-5 gemerkt	4 gemerkt	3-0 gemerkt
e)	UKZ	SP				
f)	KZ	SP	Aufgabenstellung gemerkt bis Ziffer.....			
g)	LZ	SP				

3	**Konzeptionalisierung**					
a)	Top Down	PP	19-17gewußt	16-12 gewußt	11-8 gewußt	7-0 gewußt
b)	Bottom Up	PP	12-9 kompl. Aufzählungen	8-6 kompl. Aufzählungen	5-3 kompl. Aufzählungen	2-0 kompl. Aufzählungen
c)		PP	optimal und Feinheiten	keine log. F./ Mangel an Ökonomie	keine logischen Fehler	Massive Fehler
4	**Aufmerksamkeit**					
a)		PP				

5	**Transferfähigkeit**					
a)		PP	alle Aufgaben transferiert	2 Aufgaben transferiert	1 Aufgabe transferiert	0 Aufgaben transferiert

6	**Räumliche Wahrnehmung/ Orientierung**					
a)	2-dimensional	PC	8 richtig	7-6 richtig	5-4 richtig	4-0 richtig
b)	3-dimensional	PP	14-13 richtig	12-11 richtig	10-7 richtig	6-0 richtig
c)	3-dimensional und räuml. Bewegung	PP	4 richtig	3 richtig	2 richtig	1-0 richtig

7	**Aufgabenverständnis und Sinnerfassung**					
a)		PP	4 richtig	3 richtig	2 richtig	1-0 richtig

8	**Arbeitstempo**					
a)	Umgang mit Zeitdruck	PP	sehr ruhig	angespannt	nervös	nervös und konfus

9	**Flexibilität**					
a)	Perseveration (WCST)	PC				

Überprüfung des Gehör-, Geruchs- und Tastsinnes anhand:

- Geräuschmemory
- Duftmemory
- Tastmemory

**Soziotherapie
der AHG**

Zwischen

    der Allgemeinen Hospitalgesellschaft

    Betriebsstätte _____

    vertreten durch _____

    - nachstehend "Heim" genannt -

und   **Herr/Frau** _____

    bisher wohnhaft in _____

    im Falle einer Betreuung vertreten durch: _____

    - nachstehend "Bewohner" genannt -

wird mit Wirkung vom _____ folgender

H E I M V E R T R A G

geschlossen.

Der Vertrag wird zunächst auf die Dauer von drei Monaten auf Probe geschlossen. Während der Probezeit kann der Vertrag mit einer Frist von zwei Wochen zum Monatsende ohne Angabe von Gründen seitens des Heimes gekündigt werden. Im übrigen gelten für die Beendigung des Vertragsverhältnisses die Bestimmungen des § 9 dieses Vertrages.

§ 1

1. Herr/Frau _____ wird ab dem _____ in das Soziotherapeutische Heim aufgenommen.

2. Der Bewohner kennt die ihm schriftlich vorgelegte und erläuterte Konzeption des Hauses an.

3. Die Hausordnung ist Bestandteil dieses Vertrages.

§ 2

1. a) Das Heim stellt dem Bewohner in seiner _____ gelegenen Einrichtung einen Bettplatz in einem möblierten Ein- bzw. Zweibettzimmer in der _____. Etage, Zimmer-Nr. _____zur Verfügung.

    b) Mit dem Wohnrecht ist das Recht verbunden, die Gemeinschaftseinrichtungen des Heimes im Rahmen der Hausordnungsregelungen zweckentsprechend zu nutzen.

    c) Instandhaltungsarbeiten sowie Schönheitsreparaturen an den Gemeinschaftseinrichtungen werden vom Heim vorgenommen.

2. Neben der Wohnraumüberlassung und dem damit verbundenen Nutzungsrecht werden folgende Leistungen vereinbart, die das Heim im Rahmen seiner Möglichkeiten zu erbringen hat:

    a) Verpflegung (3 Mahlzeiten täglich)

    b) Reinigung und Instandhaltung von Bettwäsche

    c) Im Falle von Behinderung und Krankheit des Bewohners regelmäßige Reinigung des Wohnraumes in einem für jeden Einzelfall besonders zu vereinbarenden Umfang.

    d) Allgemeine Beratung in persönlichen Angelegenheiten, insbesondere beim Verkehr mit Behörden und anderen öffentlichen Einrichtungen.

    e) Betreuung bei vorübergehender Pflegebedürftigkeit, die im Heim oder in angemessener anderer Weise gewährt wird.

    f) Betreuung, Therapie und Rehabilitationshilfen gemäß der Grundrichtung des Hauses.

3. Persönliche Sachen des Bewohners können außerhalb der zur Verfügung gestellten Räumlichkeiten nur aufgrund einer besonderen Vereinbarung untergebracht werden.

4. An Schlüsseln werden notwendige Zimmer- und Schrankschlüssel übergeben. Die Anfertigung weiterer Schlüssel darf nur die Heimleitung veranlassen. Der Verlust von Schlüsseln ist umgehend der Heimleitung zu melden; die Ersatzbeschaffung erfolgt durch die Heimleitung. Alle Schlüssel sind Eigentum des Heimes. Bei Beendigung des Vertragsverhältnisses im beiderseitigen Einvernehmen oder durch Kündigung hat der Bewohner alle Schlüssel vollzählig an die Heimleitung zurückzugeben.

§ 3

1. Der Pflegesatz beträgt zur Zeit täglich DM_____. Er wird von der für die Festsetzung der Pflegesätze zuständigen Stelle beim Landschaftsverband Rheinland für jedes Jahr erneut festgesetzt und richtet sich nach den im Heim anfallenden Kosten. Er gilt auch für Selbstzahler.

2. Bei einer Änderung der Kostensituation kann das Leistungsentgelt mit einer Frist von einem Monat zum Ende eines Kalendermonats gekündigt werden, ohne daß es einer Kündigung des gesamten Vertrages bedarf.

3. Wird das Entgelt des Bewohners von einem öffentlichen oder sonstigen Kostenträger übernommen, so bevollmächtigt der Bewohner das Heim hiermit, unmittelbar mit dem jeweiligen Kostenträger abzurechnen. Auf Verlangen des Heimes erteilt der Bewohner zu diesem Zweck eine gesonderte Vollmacht.

4. Der Pflegesatz wird, sofern er nicht vom Träger der Sozialhilfe übernommen wird, monatlich nachträglich in Rechnung gestellt. Der Rechnungsbetrag ist innerhalb von 10 Tagen nach Rechnungserhalt zu zahlen.

5. Bei Selbstzahlern ist bei Aufnahme eine Kaution in Höhe von DM 2.000,00 zu zahlen. Dies gilt nicht für Versicherte der sozialen Pflegeversicherung. Nachträgliche Änderungen des Pflegesatzes nach Festsetzung des Landschaftsverbandes Rheinland sind ebenfalls zu zahlen.

§ 4

1. Bewohner und Heim haften einander für Schäden im Rahmen dieses Vertrages nur bei Vorsatz oder grober Fahrlässigkeit. Bei Personenschäden gelten die gesetzlichen Bestimmungen.

2. Eine Haftung für Diebstahl oder Beschädigung eingebrachter Sachen des Bewohners durch Dritte ist ausgeschlossen. Dem Bewohner bleibt es überlassen, hierfür eine Sachversicherung abzuschließen.

3. Hinterläßt der Heimbewohner nach seinem Auszug aus "Haus _____" persönliche Dinge wie Kleidung, elektrische Geräte oder ähnliches im Hause, so werden diese über einen Zeitraum von 3 Monaten im Heim gelagert. Werden sie innerhalb dieser Frist nicht vom ehemaligen Bewohner oder einem hierzu Bevollmächtigten abgeholt, gilt die Vermutung der Eigentumsaufgabe im Sinne

des § 959 BGB. Diese persönlichen Dinge gehen in den Besitz von "Haus _____" über und werden bedürftigen Klienten im Hause übergeben.

§5

1. Der Bewohner hat die ihm überlassenen Räumlichkeiten, das Inventar und die ihm sonst zur Benutzung zur Verfügung stehenden Heimeinrichtungen schonend und pfleglich zu behandeln.

2. Schäden in den überlassenen Räumlichkeiten hat der Bewohner dem Heim anzuzeigen, sobald er sie bemerkt.

3. Das Heim oder ein von ihm Beauftragter kann die überlassenen Räume betreten, um die Notwendigkeit unaufschiebbarer Reparaturen festzustellen.

4. Im Rahmen der Zielsetzung der Einrichtung werden dem Heimbewohner nach seinen Möglichkeiten und Fähigkeiten kleinere Verpflichtungen wie z. B. Reinigung seines Zimmers, kleine Renovierungsarbeiten und ähnliches übertragen.

§ 6

1. Um dem Heim eine verantwortliche Betreuung des Bewohners zu ermöglichen, verpflichtet sich der Bewohner, eine Abwesenheit von mehr als 24-stündiger Dauer rechtzeitig der Heimleitung mitzuteilen.

2. Die Haltung von Haustieren bedarf in jedem Fall der Zustimmung der Heimleitung.

3. Der Bewohner ist nicht berechtigt, andere Personen als Mitbewohner aufzunehmen oder die Wohnung anderen zu überlassen.

§ 7

1. Der Bewohner bzw. dessen Personensorgeberechtigter kann das Vertragsverhältnis am letzten Kalendertag eines Monats zum nächsten Monatsende schriftlich kündigen.

2. Das Heim kann das Vertragsverhältnis am letzten Kalendertag eines Monats zum nächsten Monatsende schriftlich kündigen, sofern ein wichtiger Grund vorliegt. Ein wichtiger Grund liegt insbesondere dann vor, wenn

a) der Bewohner seine vertraglichen Pflichten schuldhaft so gröblich verletzt, daß dem Träger eine Fortsetzung des Vertrages nicht zugemutet werden kann,

b) der Bewohner andere in unzumutbarer Weise stört oder trotz schriftlicher Mahnung wiederholt gegen die Hausordnung verstößt,

c) der Bewohner Selbstzahler ist und für zwei aufeinanderfolgende Termine mit der Entrichtung des Entgelts oder eines Teils des Entgelts, der das Entgelt für einen Monat übersteigt, im Verzug ist, oder in einem Zeitraum, der sich über mehr als zwei Termine erstreckt, mit der Entrichtung des Entgelts in Höhe eines Betrages in Verzug gekommen ist, der das Entgelt für zwei Monate erreicht,

d) der Bewohner wegen seines Gesundheitszustandes durch das Heim nicht mehr in gebotenem Maße versorgt werden kann,

e) der Betrieb des Heimes eingestellt, wesentlich eingeschränkt oder in seiner Art verändert wird und die Fortsetzung des Vertrages für den Träger eine Härte bedeuten würde,

Im Falle der Kündigung aus den Gründen des Abs. 2 d), kann die Frist abgekürzt werden; das Heim wird nach Möglichkeit eine anderweitige Unterbringung des Bewohners zu vermitteln versuchen.

In den Fällen des Abs. 2 c) ist die Kündigung ausgeschlossen, wenn der Träger vorher befriedigt wird. Sie wird unwirksam, wenn bis zum Ablauf eines Monats nach Eintritt der Rechtshängigkeit des Räumungsanspruchs hinsichtlich des fälligen Entgelts der Träger befriedigt wird oder eine öffentliche Stelle sich zur Befriedigung verpflichtet.

Hat der Träger nach Abs. 2 d) oder e) gekündigt, so hat er dem Bewohner eine angemessene anderweitige Unterbringung zu zumutbaren Bedingungen nachzuweisen. In den Fällen des Abs. 2 e) hat der Träger des Heimes die Kosten des Umzugs in angemessenem Umfang zu tragen.

3. Das Heim kann das Vertragsverhältnis fristlos kündigen, sofern ein schwerwiegender Grund vorliegt. Ein schwerwiegender Grund liegt insbesondere dann vor, wenn

a) der Bewohner seinen vertraglichen Verpflichtungen trotz mehrfacher schriftlicher Mahnungen nicht nachkommt, der Bewohner einen Suchtmittelrückfall erleidet und sich trotz schriftlicher Aufforderung nicht bereit findet, sich dem in diesem Falle erforderlichen suchtkrankentherapeutischen Programm zu unterwerfen, der Bewohner aktiv durch Beschaffung von Suchtmitteln am Rückfall eines Mitbewohners Anteil hat oder durch Aufforderung oder ermunternde Duldung zu einem solchen Rückfall beiträgt.

§ 8

Es besteht die Möglichkeit seitens des Heimbewohners, entsprechend § 5 des Heimgesetzes einen Heimbeirat zu wählen und ein Mitwirkungsrecht zu beanspruchen.

§ 9

1. Der Wohnraum ist bei Beendigung dieses Vertragsverhältnisses in ordnungsgemäßem Zustand zurückzugeben.

2. Stirbt der Heimbewohner, so endet des Vertragsverhältnis mit dem Sterbetag, ohne daß es einer Kündigung durch den Heimträger gegen den Erben bedarf. Vereinbarungen über ein Fortbestehen des Vertrages sind zulässig, soweit ein Zeitraum bis zum Ende des Monats, der auf den Sterbemonat folgt, nicht überschritten wird. In diesen Fällen ermäßigt sich das nach § 3 Abs. 1 vereinbarte Entgelt um den Wert der von dem Träger ersparten Aufwendungen.

3. Im Falle des Todes des Heimbewohners sind zu benachrichtigen:

_____

§ 10

Das Heim ist verpflichtet, nach dem Tod des Bewohners die Hinterlassenschaft sicherzustellen. Der Nachlaß darf nur an eine durch den Bewohner genannte Person, einen Erben oder an einen gerichtlich bestellten Nachlaßpfleger oder Testamentsvollstrecker ausgehändigt werden.

§ 11

1. Änderungen oder Ergänzungen dieses Vertrages bedürfen der Schriftform.

2. Eine etwaige Unwirksamkeit einzelner Bestimmungen dieses Vertrages berührt die Rechtswirksamkeit im übrigen nicht.

3. Erfüllungsort ist _____.

_____, den _____

Heim   Bewohner bzw. Betreuer

Erklärungen zur Aufnahme in _____

_____, den _____

1.

Ich habe mich freiwillig zum Aufenthalt im Soziotherapeutischen Heim Haus _____ entschlossen.

Mir ist bekannt, daß die Dauer des Aufenthalts unbefristet ist.

Die mich während meines Aufenthaltes in Haus _____ behandelnden Ärzte entbinde ich hiermit gegenüber der Heimleitung von ihrer Schweigepflicht.

Eine Ausfertigung dieser Erklärung habe ich erhalten.

....
_____

_____

_____, den _____

2.

Ich habe ein Exemplar der Hausordnung von _____ erhalten und erkläre mich damit einverstanden.

....
_____

_____

_____, den _____

3.

Hiermit bestätige ich, daß ich darüber unterrichtet wurde, daß der Besitz und die Einnahme zustandsverändernder Mittel wie Alkohol, Drogen, jegliche Medikamente und dergleichen, die nicht vom Konsiliararzt des Hauses _____ oder einem anderen Arzt ausdrücklich verordnet wurden, ein Grund zur Entlassung sein können. Bei auftretendem Verdacht können Kontrollen und ärztliche Untersuchungen angeordnet werden.

Bewohner, die den Besitz oder die Einnahme oben erwähnter Mittel bei Mitbewohnern dekken, müssen mit den gleichen Konsequenzen rechnen.

Eine Ausfertigung dieser Erklärung habe ich erhalten.

....
_____

4. _____, den _____

Hiermit bestätige ich, daß ich darüber unterrichtet wurde, daß ich von meinem Einkommen (z. B. Rente, Krankengeld, Übergangsgeld, Arbeitslosengeld oder -hilfe) nichts mehr ausgeben darf, bis der Kostenträger der Unterbringung (meist der Landschaftsverband Rheinland oder Westfalen-Lippe) Mitteilung macht, welcher Betrag zur Kostendeckung eingezogen wird.

Eine Ausfertigung dieser Erklärung habe ich erhalten.

....
_____

_____

5. _____, den _____

Ich bin damit einverstanden, daß personenbezogene Daten über mich auf Datenträgern gespeichert werden, sofern diese zur Lösung von verwaltungs- oder abrechnungstechnischen Aufgaben erforderlich sind.

Eine Ausfertigung dieser Erklärung habe ich erhalten.

....
_____

_____

Die folgende Einverständniserklärung ist freiwillig:

6. _____, den _____

Ich bin damit einverstanden, daß personenbezogenen Daten über mich, die Aufschluß über den Krankheits- und Behandlungsverlauf geben, zum Zweck der Verbesserung der Betreuung erhoben, gespeichert und innerhalb der AHG ausgewertet werden. Eine Weitergabe an andere Stellen erfolgt nicht.

Eine Ausfertigung dieser Erklärung habe ich erhalten.

....
_____

Kurzporträt: Die AHG

Die AHG Allgemeine Hospitalgesellschaft AG leistet seit über 25 Jahren erfolgreiche Arbeit in der Medizinischen Rehabilitation und der Soziotherapie Abhängiger.

In den Kliniken mit insgesamt mehr als 2.500 Therapieplätzen werden jährlich 40.000 Patienten erfolgreich behandelt; in den soziotherapeutischen Einrichtungen stehen 550 Behandlungsplätze zur Vorbereitung chronisch mehrfach geschädigter Abhängiger auf ein selbständiges Leben zur Verfügung.

Individuelle Therapiepläne, eine wissenschaftliche Fundierung und regelmäßige Überprüfung der angewendeten Behandlungsmethoden sowie eine strikte Ressourcenorientierung sind die Grundlage für den Behandlungserfolg der in den AHG Einrichtungen betreuten Patientinnen und Patienten.

Die AHG hat als erstes Unternehmen in Deutschland erfolgreich kurzzeit-therapeutische Angebote in der Suchtbehandlung etabliert und die erste verhaltensmedizinisch orientierte psychosomatische Klinik aufgebaut. Vor dem Hintergrund der guten Behandlungserfolge legt die AHG besonderen Wert darauf, auch in den somatischen Indikationsbereichen Orthopädie, Kardiologie, Pneumologie und Neurologie auf der Basis verhaltensmedizinischer Grundsätze zu arbeiten.

Das Behandlungsangebot bezieht sich auf die Indikationsbereiche:
- Psychosomatik
- Alkohol- und Medikamentenabhängigkeit
- Abhängigkeit von illegalen Drogen
- Adaption
- Soziotherapie Abhängiger
- Orthopädie und Rheumatologie
- Kinderrehabilitation
- Neurologie
- Kardiologie und Angiologie
- Pneumologie
- Dermatologie und Allergologie.

Die Grundsätze und Motive der Gründungsphase prägen noch heute die Unternehmenskultur und die Arbeit in den Kliniken und Einrichtungen der AHG:
- professionelles Engagement und Mitgefühl
- hohes Qualitätsbewusstsein und Teamorientierung
- kostenbewusstes Wirtschaften und Erfolgsorientierung
- Innovation, Kreativität und Ideenreichtum.

Mehr als 1.800 professionelle Mitarbeiter in medizinischen, psychologischen, therapeutischen und pflegerischen Bereichen sowie im Servicebereich prägen durch ihre interdisziplinäre Zusammenarbeit die Arbeit der AHG im Interesse der ihr anvertrauten Patienten.

Besonderes Ziel der Arbeit in der AHG ist es, Patienten wirksam zu unterstützen, ihre Handlungsmöglichkeiten und Kompetenzen so zu entwickeln, dass sie ihren eigenen gesunden Lebensweg finden und damit selbst zu Experten ihrer Gesundheit werden.

Dieser ressourcenorientierte, integrative Behandlungsansatz hat sich auch für die Betreuung von Behinderten in den Soziotherapeutischen Einrichtungen der AHG als besonders erfolgreich erwiesen.

Im Verlauf von über zwei Jahrzehnten konnten so über 5.000 chronisch und mehrfach behinderte Abhängige einen neuen Weg in ein abstinentes, zufriedenes und selbstbestimmtes Leben finden.

AHG Allgemeine Hospitalgesellschaft Aktiengesellschaft, Itterpark 2, 40724 Hilden
Tel.: 02103/20201; Fax: 02103/202111
e-mail: info@ahg.de; Internet: http://www.ahg.de